# MBTI와 군 생활

# MBTI와 군 생활

김 정 진

KSi 한국학술정보[주]

## 책을 내면서

전역을 한 지 벌써 일년이 지났지만 아직도 마음은 늘 그곳에 있다. 대학에서 학생들에게 전공분야의 과목에 현장실무경험을 연결시켜 열심히 강의한다. 남학생 대다수가 입대를 앞둔 젊은이들이다. 그들을 바라보는 내 눈길에는 자식을 군에 보내는 부모 심경이 가끔 겹쳐진다.

최근 이런저런 군 관련 사건사고들을 접하며 국민들은 걱정스러워 한다. 나 역시 동고동락했던 군에 대한 애정, 그만큼이나 안타까운 마음 또한 금할 수 없다. 서로가 조금만 더 존중하고 배려할 수 있었다면 얼마나 좋았을까? 자신을 바로 이해하고 상대와 비슷함을 통해 더 친해질 수 있었다면, 또 다른 점을 통해 그것을 갈등이라 여기지 않으며 성장할 수 있었다면 얼마나 좋았을까? 모두가 성숙한 개개인과 부대가 될 수 있지 않았을까 하는 아쉬운 마음이 든다. 이러한 마음을 전달하는 의미에서 전역 당시 주변에 남기고 왔던 참고자료들을 모아 이번에 책으로 편집해 보았다.

인성이란 타고난 성향과 환경과의 조화를 통한 건전한 품성으로 인간관계에 필수적 요소이다. 올바른 인성을 기르기 위해서는 자기이해가 기본이다. 자기이해는 자신의 선천적인 성향을 이해하고 환경과의 조화 속에 성숙하려는 노력을 요구한다. 이러한 노력은 자기실현을 이루게 하여 성숙한 인간이 되게 하여 바람직한 인간관계를 갖도록 한다.

좋은 인간관계는 자신과 타인, 그리고 상황에 따라 다르다. 요즈음의 부대는 유연한 인간관계를 요구하고 있다. 다시 말해 업무나 역할에 있어서는 수직적이지만 그 외 경우에서는 수평적인 인간관계를 요구한다. 이러한 환경에서는 다양한 개개인의 특성에 대한 이해는 좋은 인간관계에 필수이다. 따라서 이 책이 수직적인 인간관계에서는 윗사람들이 부하들의 행동과 사고방식을 이해하여 적절하게 지도할 수 있고, 수평적인 인간관계에서는 장병상호간에 서로 인정하고 수용하게 되는 인성을 바탕으로 한 병영생활의 안내서 역할이 되기를 바라는 마음 간절하다.

지금 이 시간에도 맡은 바 "나라지키기"의 신성한 임무를 수행하고 있는 국군장병들에게 진심으로 깊은 감사를 드린다.

아울러 이 책이 나오기까지 많은 노력을 기울여주신 출판사 여러분들께도 고마운 마음을 전한다.

2005년 10월

## 군을 떠나며

세월이 흘러 30여년이 지나갔다. 1970년대 초 군복을 입고 첫 신고식을 한 것이 얼마 전 같은데, 벌써 나와 동료들의 2세들이 군에 입대했고 또 일부는 이미 제대를 했다. 나 또한 이제 군 생활을 마감한다. 군 생활을 할 만큼 해서인지, 제대 후 그 명칭이 퇴역이라고 한다. 퇴역군인! 내가 벌써? 하지만 흐르는 세월을 누가 붙잡을 수 있을까?

이제, 긴 군 생활 동안 부하관리와 아울러, 직책을 수행하면서 직접 경험한 것들을 학문적 바탕에 접목시켜 한권의 책으로 남기고 군문을 떠나려 한다.
사고의 뒤처리를 하는 역할보다는 사고를 예방하는 기능으로서 MBTI를 군에 도입하면서 썼던 논문들과 적용사례들을 정리해보았다. 많은 지휘관들이 부하들의 성격 유형을 알고 군 생활에 잘 적응할 수 있도록 심리학적인 접근으로 부대관리에 노력을 기울여왔다. 또한 성격적 특성을 살려서 적재적소에 인사배치를 함으로 업무 효율성을 극대화시키고 있다. 나 또한 MBTI를 나름대로 부대관리에 적용하면서 많은 도움도 받았다. 이에 관심 있는 분들의 군 생활에 조금이나마 도움이 되면 더 바랄 것이 없는 마음에 미흡하지만 경험한 각종 자료들을 함께 엮어 보았다.

오랜 기간 많이 부족한 나를 잘 지도하고 이끌어 주셨고, 동고동락으로 나에게 힘이 되어 주었던 많은 선·후배, 동료 그리고 부하 여러분들에게 진심으로 겸허한 마음을 가지고 감사의 인사를 드린다. 모두들 안녕히 계시길 기원하면서 늘 상승·발전하는 우리의 국군이 되기를 진심으로 바라는 바이다.

2004년 10월
육 군 본 부
중령 김 정 진

# 차 례

# Ⅰ. MBTI의 이해

인간의 행동은 참 다르다. 때론 도저히 알 수 없기도 하지만 때론 추측할 수도 있다. 이런 행동들의 원인은 다양하다. 비합리적이고 원시적인 무의식적 동기가 작용하기 때문이거나 생리적이고 심리적인 어떤 욕구들을 충족시키고자 하기 때문이다. 그러나 많은 학자들은 타고난 성격과 환경과의 상호작용에 의해 행동이 일어난다고 보며, 주어진 환경의 차이로 인해 다양하게 나타난다고 한다. 이런 성격은 이미 어린 시절에 결정지어진다고 보기도 하지만 어떤 경향성을 이미 가지고 태어난다고 보기도 한다. 어떻게 보느냐에 따라 인간은 비관적이고 부정적일 수도 있고, 낙관적이고 긍정적일 수도 있다. 따라서 자신의 성격적 경향성을 알고 타인을 이해하면서 우리의 다양성에 가치를 두는 것이 바로 서로 존중하고 수용하는 것이고 긍정적인 삶을 살아가는 모습일 것이다. 살아가면서 진정한 자기의 모습을 개발하고 통합하려는 것이 성숙한 인간이요 개별화된 인간인 것이고 추구하는 목표일 것이다. 그것은 한 개인이 자신의 타고난 성향을 이해하는 것부터 시작하고 나아가 더불어 사는 사회 속에서 자신과 타인의 존엄과 가치를 인정하는 것이다. 따라서 자신과 타인의 성격을 아는 것은 매우 중요한데 이것을 우리는 MBTI 검사를 통해 알아볼 수 있다.

MBTI(Myers-Briggs Type Indicator)는 C.G.Jung의 심리유형론을 근거로 하여 Katharine Cook Briggs와 Isabel Briggs Myers가 보다 쉽고 일상생활에 유용하게 활용할 수 있도록 고안한 자기보고식 성격유형지표이다.

융의 심리유형론의 요점은 인간행동이 그 다양성으로 인해 종잡을 수 없는 것 같이 보여도, 사실은 아주 질서정연하고 일관된 경향이 있다는 데서 출발하였다. 각 개인이 외부로부터 정보를 수집하고(인식기능), 자신이 수집한 정보에 근거해서 행동을 위한 결정을 내리는데(판단기능) 있어서 각 개인이 선호하는 방법이 근본적으로 다르다는 것이다. 그리고 인간행동의 다양성은 개인이 인식(Perception)하고 판단(Judgement)하는 특징이 다르기 때문이라고 보았다.

융은 인간의 심리적 에너지가 그 사람의 내부에서 발생하는지 또는 외부에서 발생하는지에 따라 어떤 사람은 외향성이 되고 어떤 사람은 내향성이 된다고 보았다. 이것은 개인의 태도가 객체를 주체보다 더 중요시하면 외향적인 태도를 취한다고 볼 수 있고, 반대로 객체보다 주체를 더 중요시하면 내향적인 태도로 볼 수 있다는 것이다.

융은 인간의 정신 기능을 감각과 직관의 인식기능과 사고와 감정의 판단기능으로 나누었는데 인식기능은 옳고 그름의 판단과정을 거치지 않기 때문에 비합리적 기능으로 보았고, 판단기능은 합리적인 기능으로 보았다. 그러나 이런 기능의 선호성은 태어날 때부터 가지고 태어나는 것으로 민족이나 문화에 상관없이 본질적인 것으로 보았다.

MBTI는 인식과 판단에 대한 융의 심리적 기능이론, 그리고 인식과 판단의 향방을 결정짓는 융의 태도 이론을 바탕으로 하여 제작되었다. 또한 개인이 쉽게 응답할 수 있는 자기보고(self report) 문항을 통해 인식하고 판단할 때의 각자 선호하는 경향을 찾고, 이러한 선호경향들이 하나하나 또는 여러 개가 합쳐져서 인간의 행동에 어떠한 영향을 미치는가를 파악하여 실생활에 응용할 수 있도록 제작된 심리검사이다.

C.G.Jung

Katharine Cook Briggs

Isable Briggs Myers

MBTI는 1900~1975년에 걸쳐 Katharine Cook Briggs와 Isabel Briggs Myers에 의해 계발되었다. 사람들의 차이점과 갈등을 이해하고자하는 그들의 노력은 자서전 연구를 통한 성격분류로 시작되었고 1921년 C.G. Jung의 Psychological Type 이론을 접하면서 인간관찰에 대한 본격적인 연구가 시작되었다. 이후 MBTI Form A, B, C, D, E를 거쳐 1962년 Form F가 미국 ETS(Educational Testing Service)에 의해 출판되었고, 그리고 1975년 form G를 개발하여 미국 CPP로부터 출판, 현재에 이르러 Form K와 Form M 등이 개발되어 있다. 이 검사를 통해서 상담장면에서, 조직 및 공동체 장면에서, 교육장면에서 또한 연구장면에서 자신과 타인을 이해하는 유용한 도구로 사용되고 있다.

# Ⅱ. MBTI의 4가지 선호경향

MBTI유형은 4가지 선호지표로 크게 이루어져 있다. 4가지 선호지표란 우리가 활동에 필요한 에너지를 어디에서 얻게 되는가에 따라 외향성(Extraversion), 내향성(Introversion)의 E-I지표, 우리가 주변의 환경으로부터 어떻게 정보를 수집하고 인식하는가에 따라 감각형(Sensing), 직관형(Intuition)의 S-N지표, 우리가 수집한 정보를 어떻게 판단하고 처리하는가에 따른 사고형 (Think), 감정형(Feeling)의 T-F지표, 그리고 우리가 인식하고 판단하는 것이 생활양식에서는 어떻게 나타나는가에 따라 판단형(Judging), 인식형(Perceiving)의 J-P지표이다. 이 4가지 선호지표의 특성은 다음과 같다.

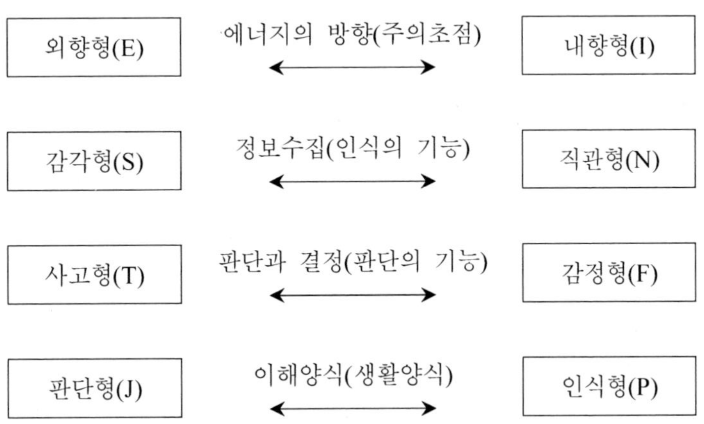

# Ⅲ. 선호지표에 대한 특징적인 표현

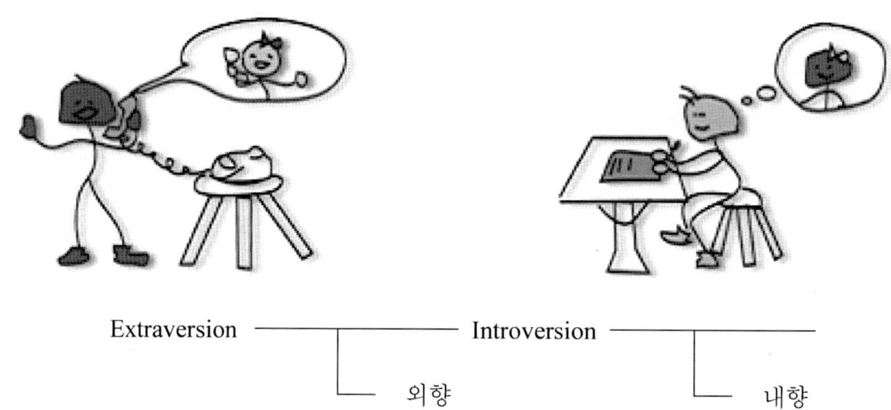


| 선호지표 | 외향형(Extraversion) | 내향형(Introversion) |
|---|---|---|
| 설명 | 폭넓은 대인관계를 유지하며 사교적이며 정열적이고 활동적이다 | 깊이있는 대인관계를 유지하며 조용하고 신중하며 이해한 다음에 경험한다 |
| 대표적 표현 | • 주의 집중- 외부세계로<br>• 외부활동에 적극성을 보임<br>• 인간관계가 활발하고 폭이 넓음<br>• 활동을 하면 힘을 얻고 안하면 좀이 쑤심<br>• 사교성이 좋음<br>• 아무에게나 인사를 쉽게 나눔<br>• 여러 사람과 대화해도 거뜬<br>• 사람을 잘 사귀고 즐김<br>• 정력적이고 활동적<br>• 행동부터 해 놓고 생각함<br>• 자신을 드러냄 | • 주의집중- 내부세계로<br>• 많은 생각과 되새김질<br>• 소수와 깊은 인간관계 유지<br>• 글로 표현하는 것이 편안<br>• 혼자 있어야 힘이 남<br>• 지속적인 활동은 질색<br>• 사람을 만나도 얼굴이름 기억이 잘 안됨<br>• 1 대 1 대화선호, 전화시 떠들면 정신이 없음<br>• 조용하고 신중<br>• 생각한 후 행동 실천<br>• 자신을 서서히 드러냄 |

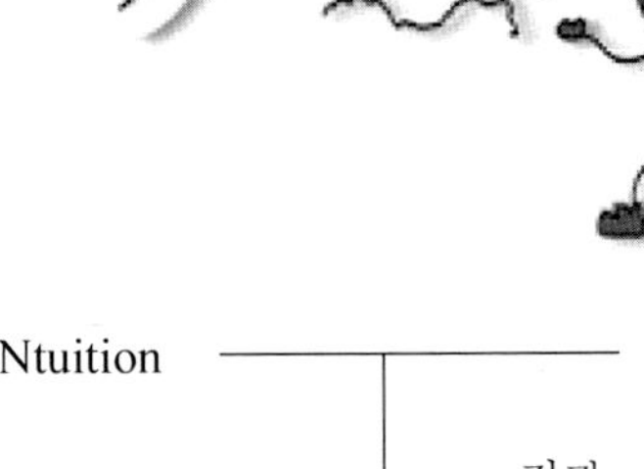

Sensing ─ 감각

iNtuition ─ 직관

| 선호지표 | 감각형(Sensing) | 직관형(iNtuition) |
|---|---|---|
| 설명 | 오감에 의존하여 실제의 경험을 중시하며 지금, 현재에 초점을 맞추고 정확, 철저히 일처리한다 | 육감 내지 영감에 의존하며 미래지향적이고 가능성과 의미를 추구하며 신속, 비약적으로 일처리한다 |
| 대표적 표현 | • 외관에 의존<br>• 지금- 여기에 주목<br>• 실제의 경험을 중시<br>• 실태파악에 능통<br>• 일관성과 일상성 중시로 반복적일 선호<br>• 사건을 사실적으로 묘사<br>• 관례를 잘 따르는 보수적 경향<br>• 가꾸고 추수하는 사람<br>(양육과 돌봄)<br>• 나무만 보고 숲을 못 봄<br>• 꼼꼼 철저한 일처리, 성실과 근면 | • 통찰과 육감에 의존<br>• 보이는 것보다 그 이면의 가능성 파악<br>• 풍부한 아이디어<br>• 상상력 풍부하고 영감적<br>• 가능성과 비전 추구<br>• 변화와 다양성추구로 같은 일은 딱 질색<br>• 비유적이고 상징적인 묘사<br>• 새로운 시도와 도전<br>• 씨뿌리는 사람<br>• 신속하고 비약적 일처리 |

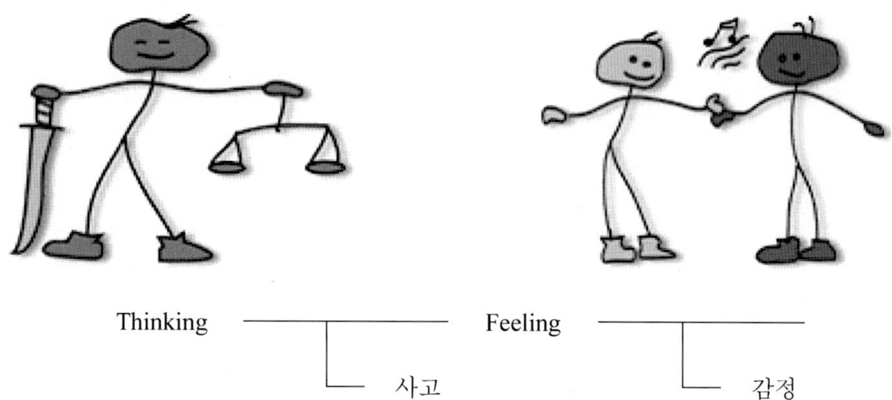

Thinking ─ 사고  Feeling ─ 감정

| 선호지표 | 사고형(Thinking) | 감정형(Feeling) |
|---|---|---|
| 설명 | 진실과 사실에 주관심을 갖고 논리적이고 분석적이며 객관적으로 판단한다. | 사람과 관계에 주관심을 갖고 상황적이며 정상을 참작한 설명을 한다. |
| 대표적 표현 | • 진실과 사실 중시<br>• 원리원칙적 판단<br>• 논리적이고 분석적 사고<br>• 간단명료하고 핵심적 설명<br>• 지적 논평 선호<br>• 인과론에 입각한 정확한 판단<br>• 법칙과 원리원칙 중시<br>• 맘먹은 것은 끝까지<br>• 감정도 사고로 표현(포카 페이스) | • 사람과의 관계를 중시<br>• 보편적인 선을 중시<br>• 의미와 영향을 우선하여 판단<br>• 상황적이고 포괄적이므로 포용적<br>• 정상을 참작하며 설명<br>• 우호적인 협조를 중시<br>• 원칙과 논리에 취약<br>• 감정을 숨기지 못함<br>• 목적지까지 못가도 즐거우면 이해가 됨 |

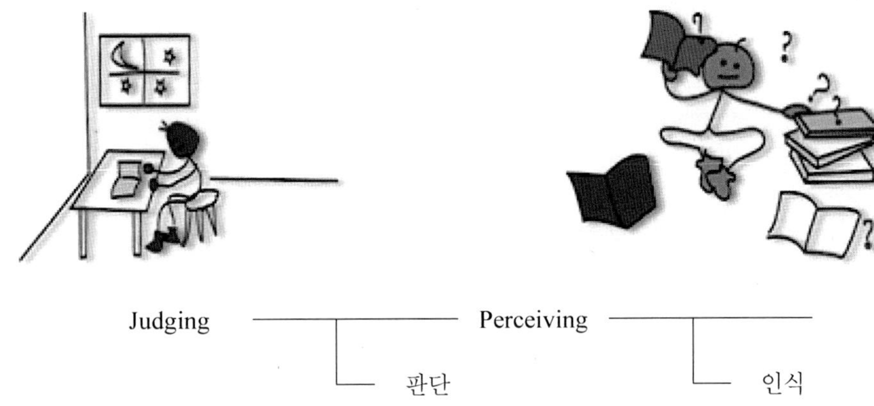


| 선호지표 | 판단형(Judging) | 인식형(Perceiving) |
|---|---|---|
| 설명 | 분명한 목적과 방향이 있으며 기한을 엄수하고 철저히 사전계획하고 체계적이다. | 목적과 방향은 변화가능하고 상황에 따라 일정이 달라지며 자율적이고 융통성이 있다. |
| 대표적 표현 | • 체계적이고 논리적<br>• 뒤끝을 봐야 시원<br>• 의지를 가지고 추진<br>• 신속한 결론과 통제적 과정<br>• 치밀한 계획과 시간엄수<br>• 규정과 틀을 중시<br>• 계획과 소속 속의 업무가 편함 | • 상황에 따른 자율성과 개방<br>• 변화에 대한 수용과 적응<br>• 유유자적과 임기응변<br>• 재량에 따른 포용력<br>• 상황에 따른 대처능력 탁월과 느긋함<br>• 틀에 박힌 업무나 과정을 싫어함<br>• 소속과 통제를 싫어하고 경계선이 모호 |

# Ⅳ. 선호지표별 그룹작업 사례

## 1. 4가지 선호지표별 그룹작업

### 1) 외향형(E)과 내향형(I)의 그룹작업

① 친구를 사귀는 스타일이나 대인관계를 맺는 스타일에 대하여

E 그룹 친구사귀기 성향

● 행동양식/방법.

① 말을 먼저 건넨다 ex) 안녕!

② Skinship을 먼저 한다.

③ 일에 적극적이다.

④ 분위기를 리드한다. ex) 분위기 maker

⑤ 도전적이다. (적극적 dash!)

⑥ 성격 비슷한 종류를 사귄다.

⑦ 같은 성향 ↳ 각파트별 친구들이 많다.

Ⓘ

○ 친구와의 관계에서 주도적이지 않음 (만남 ~ 관리)

· 다투었을때 먼저 화해 청한다 (7명)

○ 모임을 적극적으로 만들지 않고, 참석하는 편임.

○ 많은 친구보다 소수의 친구.

② 고속버스를 타고 부산까지 갈 때의 행동

E형-1조

□ 공통적인 관심사로 대화
- 기상, 월드컵 축구,

□ 상대방을 우선 배려
- 에어콘·조명 조절
- 좌석을 바꾸어 준다.
- 기본예절 준수 (신발 벗지 말기, 핸드폰 사용, 신문 볼 때)

□ 상대방의 특징적인 면에 관심
- 어린아이, 여행목적 등

□ 음식을 나누어 먹는다.

⇨ 전화번호를 교환한다 (필요시)

I 4조

1. 말없이 간다 ✓
2. 자면서 간다 ✓
3. 내 할 거 (신문, 음악) 하면서 간다.
4. 옆사람의 눈치를 본다
5. 옆사람이 말을 걸 때까지 기다린다.
6. 휴게소에서 음료수를 사서 준다.

③ 오늘 나에게 10시간의 자유가 주어진다면 무엇을 할까?

ㅋㅋ E-4의 10시간...

12:00 ~13:00 이동갈비와 반주로 끼니를 때운다... 허겁지겁..

13:00 ~14:00 일동사이판에 가서 그동안 못 밀었던 때를 제거한다. (나중의 작업을 위해..)

14:00 ~15:00 겜방으로 가서 CHATING을 한다. and Girl을 꼬신다.

15:00 ~18:00 Girl을 만나 차를 마신후 비디오 방으로 끌고 간다.... 질질~

18:00 ~18:30 삼계탕으로 몸보신 을... ㅋㅋ

18:30 ~20:30 가까운 술집으로 끌고가 작업을 ... ^^

20:30 ~21:30 Girl의 Home로 Let's Go!!

21:30 ~22:00 걸어서 부대까지..(Why? 술깰려고...)

I 4조

1. 오늘 12시를 기점으로 22시까지 자유시간을 준다면 무엇을 할것인가? (단, 사고는 치지않는다는 전제하에...)

주내용 (시간에 얽매이지 않으려는 성향으로..)

- 취침, PC게임, 목욕, 음악감상, 독서, 운동, 맛있는 음식섭취, 음주. ※ 시간계획은 금기시 아무도 모름!!

그밖의 내용

- 사람많은 장소를 찾아가서 거리를 방황하며 민간인들을 구경하고 싶다.

- 실제로 10시간이라는 자유시간을 주면 생각해 보겠다. (그전까지는 절대 생각 안함)

## 2) 감각형(S)과 직관형(N)의 그룹작업

① 배에 대해서 떠오르는 이미지

S 4조

배에 대하여...

까칠하다. 꼭꼭 씹으면 시큼한 맛이 난다. 크다(타과일보다)

제사상. 누렁이. 하얀 속살. 단물. 맛이 예술이다.

시원하다. 과일중에 최고다. 물이 많다.

깎아서 먹어야 한다. 비싸다. 둥글다.

칼이 없으면 먹기 귀찮다.

통째로 먹으면 손에 즙물이 흘러 끈적끈적하며

사과는 손으로 반을 자를수 있지만 배는

어렵다. 상큼하다. 갈증이 해소된다.

꿀같이 달다. 갈아서 음료수도 만든다.

N-4조

배 하면 생각 나는 것?

시원하다, 통통하다. 누런색이다. 나주.

축배 사이다. 갈아 만든 배, 맛이 달다.

물이 많다. 껍질을 벗겨야 한다. 제사.

갈고 싶다. 사각사각하다. 갈비. 안주

수박. 소변. 배철원, 부산, 항구. 절.

탱크보이, 칼. 씨가 있다. 탐스럽다.

가격이 비싸다. 안개이. 거칠다.

여름. 배 밭, 갈증. 설탕. 숟가락

사과. 이쑤시개. 시골, 육회,

묵직하다. 맛있다. 할머니. 명절

수확. 먹골. 신선하다. 까마귀,

② 사과의 이미지

사과 — 이미지

1. 과일
2. 맛있다
3. 빨간색
4. 둥글다
5. 과수원
6. 식탁의 후식
7. 농부
8. 쟁반
9. 칼

이미지 N

1. 시그랍다
2. 이빨
3. 어머니
4. 어린 시절
5. 성영아 (이름)
6. 노관형 (이름)
7. 부드럼
8. 임응순씨
9. 개울가
10. 빛
11. 초겨울
12. 달빛
13. 겨울날 낭만
14. 시골길
15. 원숭이
16. 월리암텔

③ 감에 대한 이미지

5.5조 감에 의미 N #5

- 떫다.
- 달다
- 딱딱하다
- 물렁하다
- 곶감
- 홍시
- 변비
- 4개에 천원이다
- 껍질을 깍아야한다
- 씨가 크다.
- 씨는 못먹는다
- 까치밥

떫다.
살 찌는데 좋다.
가장 오래된 감? 곶감.
영감
한 줄에 다섯개
까 치 밥
많이 먹으면 변비.
감 잡아쓰..
씨가 딱딱하다.

※종류 : 단감. 홍시. 박스에 든 감.
봉지에 든 감. 터진 감. 인감
여기가 아닌감?
헌병감. 부관감. 등등.
이루 셀 수 없음
세상에서 제일 귀한 감? 상감(마마)

④ 부대 안의 약도 그리기

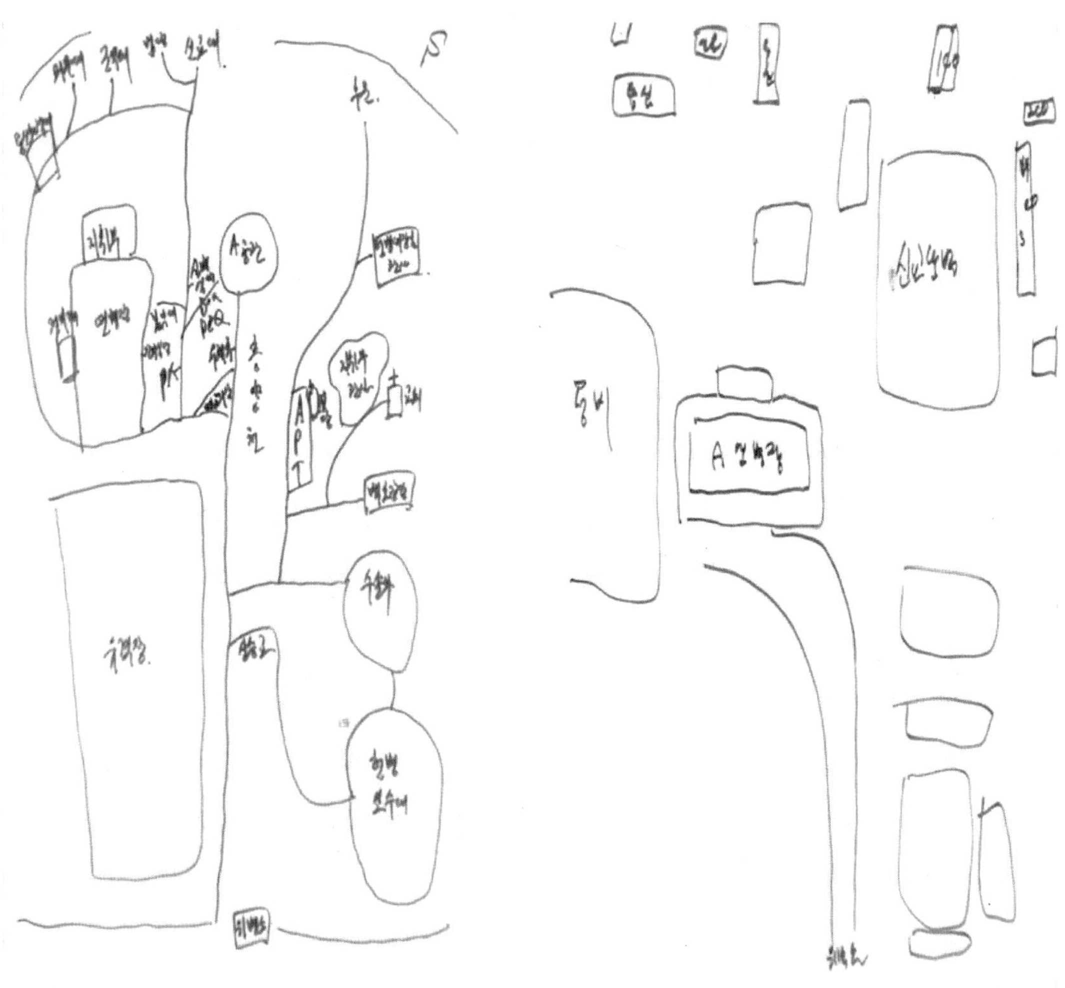

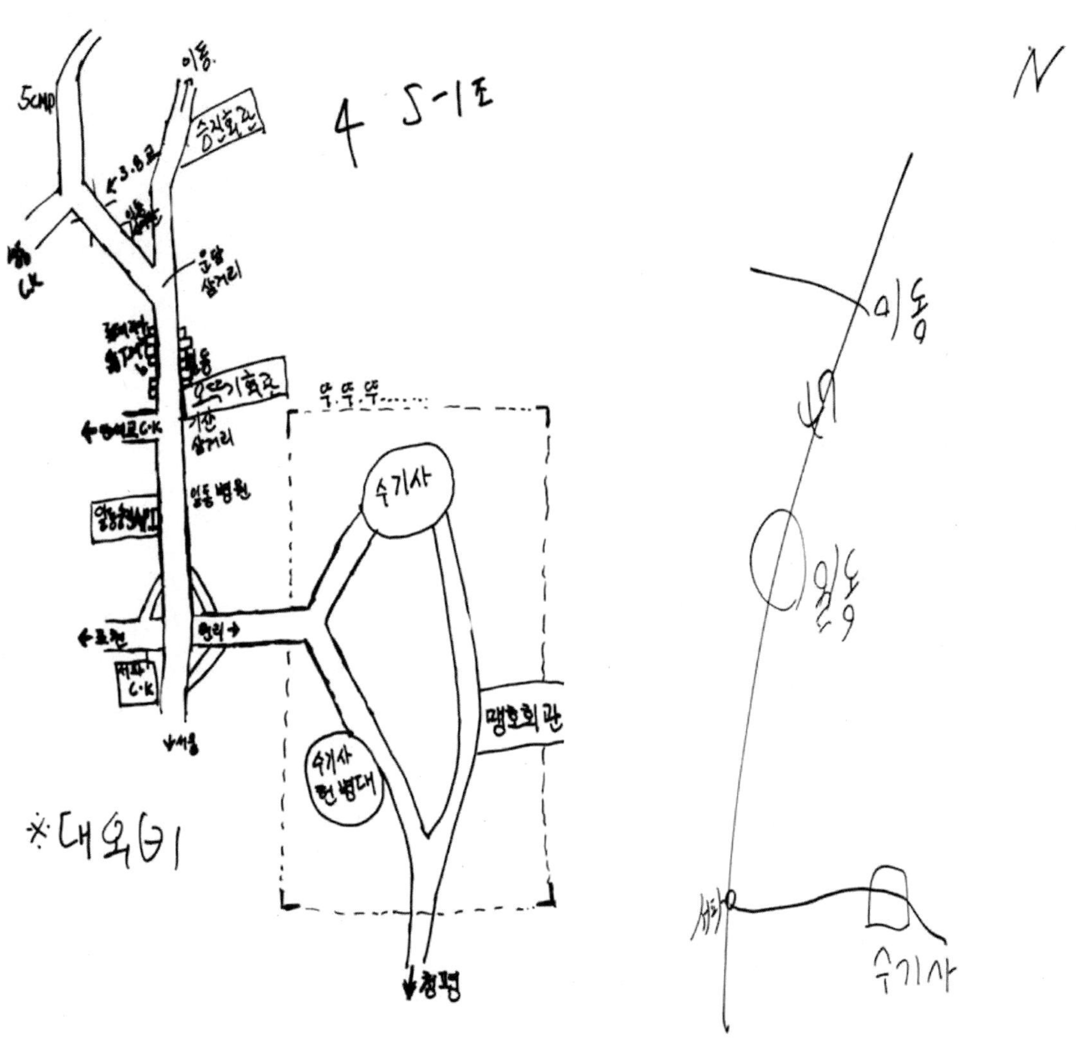
4 S-1조
이동
수기사
맹호회관
청평
※대외비
N
이동
일동
수기사

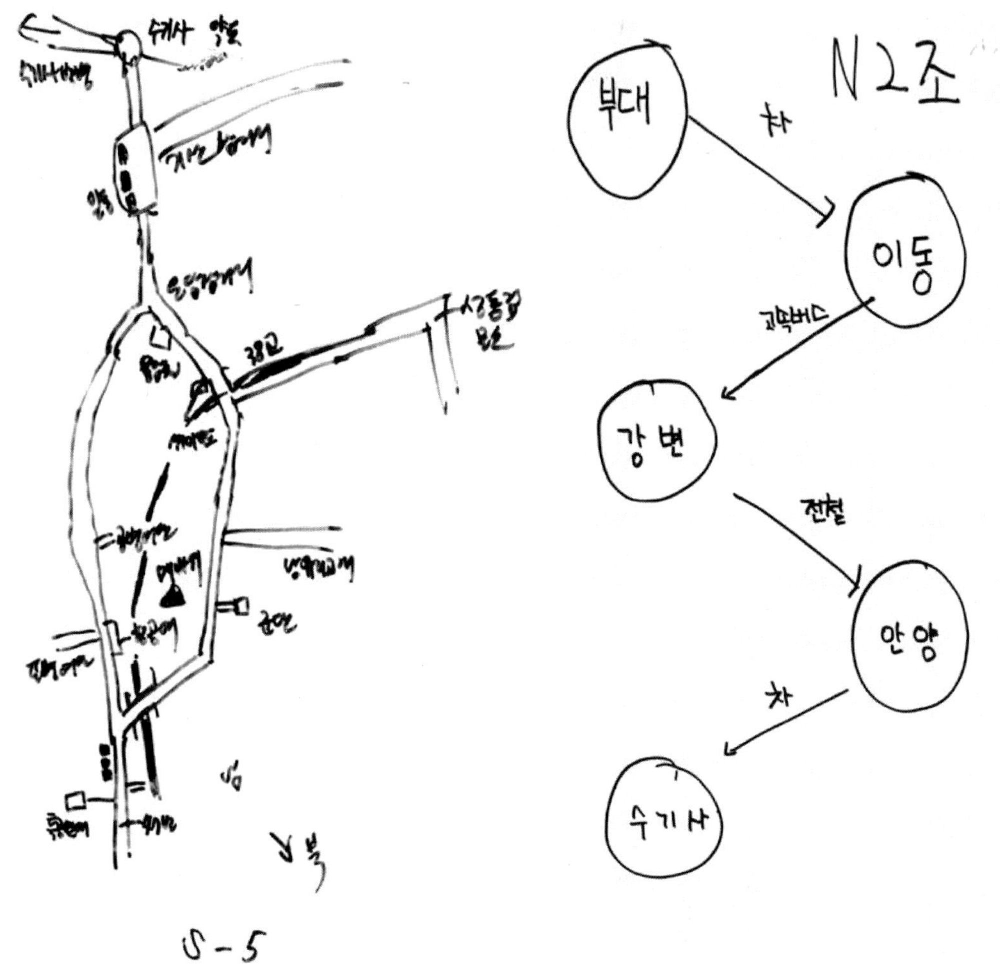
N2조
부대
차
이동
강변
전철
안양
차
수기사
S-5

### 3) 사고형(T)과 감정형(F)의 그룹작업

① 부대원이 20시 귀가시간이 되어도 복귀하지 않았다. 어떻게 할 것인가?

'T' 4조

일직사관 보고후 인수인계를 받아 부대로
데려온다. 그다음 일직사관이 시키는
대로 따른다. 아무생각 없이...
법대로 모든걸 해결한다.

술마시고 실수할수도 있어
큰처벌은 받지않도록 하는
방향으로 이끌어 준다.
후에 개인적으로 군인다운
관심과 조언으로 다음번에
다시는 이런일이 없도록
교육할것이다.

T 4조

20:05 분에 외출미복귀로 지휘관및 소속부대에 보고를 한후 경찰이나 친구에게 연락을 취하여 수소문을 한다.

01:00 복귀를 하였을때 안정을 시키고 지휘관에게 보고하여 지침을 받아 처리함.

F #5.

경찰서에가서 조치를 취한후 데리고 온다.

부대에와서 자초지정을 들어본후에 그에 마땅한 이유가 있으면 봐주고 마땅한 이유가 없으면 보고조치 해야 하겠지만 아끼는 후배가 영창에 들어가는 것을 보고만 있을 순 없을것같다. 무슨 수를 써서든 이 상황을 조용히 넘기도록 노력해서 아끼는 후배가 상처를 입는것을 보호하겠다. 만약 이 일로 인해 나에게 피해가 온다고해도 개의치 않고 후배를 위해 애쓸것 같다.

② 고2 여동생이 임신을 했다면 어떻게 할까?

T-2

1. 진상을 파악한다
(어떤 O의 애있지 확인)
2. 三者 対面 (진상 최종 확인)
3. 일단 응징 < 죽기전까지 >
4. 낙태 결정 / 결혼 가능(약속)

합의 / 해결 :

F-1조 F

- 여동생에게 누구와 교제하여 임신 하였는지 확인
- 좋은 감정이었는가? 안좋은 상황 이었는가?
- 좋은 감정이었고 상황이 된다면 혼인 유도
- 반대 상황이면 대처 논의 후 최소의 피해처리 강구
- 최악의 상황으로 자퇴시 격려

상황: 고2 여동생이 임신이라면?

**조치 1. 낙태**

찬성 (6명)
현실적으로 불가피한
↓
학업 계속

반대 (4명)
생명의 존엄성
양가부모 인지후
결혼 시킴

**조치 2. 임신**

① 강간
↓
법적으로 처벌

② 화간
↓
결혼시킨다.

(T)

F

- 아기의 아버지를 우선 찾고 본다.
  (찬: 8 / 반: 2)
- 여동생이 좌절하지 않도록 도와준다. (만장일치)
- 아이를 낳는다 ※
  (찬: 5 / 반: 1 / 상황고려: 4)
- 사랑한다면 결혼시킨다.
  (찬: 8 / 반: 2)
- 여동생의 의사를 중요시한다.
  (만장일치)

### 4) 판단형(J)과 인식형(P)의 그룹작업

① 여행계획서 짜기

여행(3박4일) J 2조

장소: 보길도

부대 → 서울 → 광주 → 완도 → 선착장 → 보길도
(08:00) (10:00) (14:00) (17:00) (17:30) (19:00)

차비: 22만원 숙박비: 8만원

1日 19:30 ~ 20:00: 저녁식사 (오징어회: 3만원 소주: 1만원 광어·우럭: 7만원)
20:00 ~ 23:00 : 바다낚시
23:00 : 취침

2日 08:00 : 기상
08:00 ~ 09:00 : 아침식사 (잡은고기→매운탕)
09:00 ~ 12:00 물놀이
12:00 ~ 13:00 : 점심(라면)
13:00 ~ 17:00 : 유적답사
17:00 ~ 18:00 : 저녁식사
18:00 ~ 21:00 : 술마시며 대화
21:00 : 취침

3日: 시간 관계상 2日 반복

4日: 복귀

P 2조 (유춘영은 조잘하다…)

일단은 만약을 대비하여 개인당 적당한 선에서 사비를 모은다. 여행 코스로는 계획상으로 설악산 → 정동진 → 영덕 → 서울 → 부대 복귀 이렇게 정한후 세부적인 계획은 그날 그날에 따라 상황에 맞게 세운다. 일정은 3박 4일 이나 여비에 따라 다른곳을 찾아 여행을 다닙니다.

3박 4일간의 여행. J조

첫째 날. 서울에서 렌트카 빌림 480.000
차를 타고 경주로 이동. 점심 50000
관광 저녁 술. 안주 100.000

둘째 날. 구룡포 해수욕장
영덕
강또대 밥값 술. 안주 100.000

셋째 날. 속초 바다 70.000
여관비 술. 안주 200.000

넷째 날. 복귀

P1조 여행계획 (조건: 100만원. 기간: 3박 4일)

- 카니발 12인승을 이용해서 이동한다.
- 목적지는 남해 바다로 하되 상황을 보아가며 목적지를 정한다.
- 일단 목적지를 정해도 목적지의 좋고 나쁨을 고려해 머무는 기간을 정한다.
- 비용은 전체적인 소요비용은 정하되 세부적인 것은 그때 그때 닥치는 상황에 따라 변화할 수 있다.

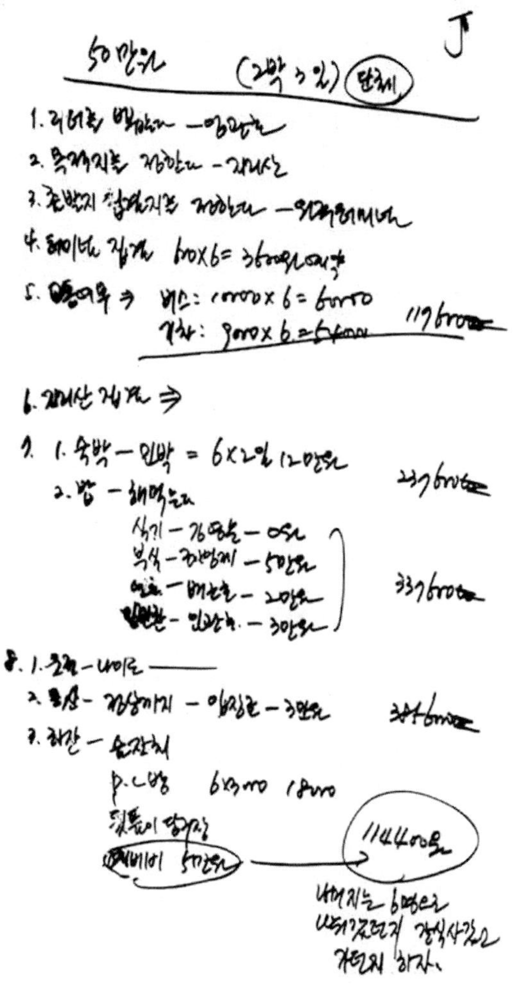


P

목적지: 동해안 고속도로를 타고 (100만원)

* 가까운 곳부터.
* 배고프면 먹고
* 졸리면 쉬어가고.
* 졸리면 자고.
* 특별한 계획보다는 상황에 따라 대처.
* 돈없으면 복귀.

## 2. 반대지표에게 하고싶은 말

### 1) 외향형(E)이 내향형(I)에게, 내향형(I)이 외향형(E)에게 하고 싶은 말

| E성향이 I성향에게 바란다. | I성향이 E성향에게 바란다. |
|---|---|
| • 조금만 마음을 열고 보면 많은 사람들이 주변에 있을 것이다. | • 덜렁대지 말아라. |
| • 남들이 다가서기를 기다리기 보다는 먼저 용기를 내어서 말을 걸어라 | • 말을 아껴라. |
| • 남을 쉽게 의심하지 말아라. | • 모자란 생각으로 남을 쉽게 대하지 말아라. |
| • 말을 할수록 늘어난다. | • 자기 자신을 되돌아 보아라. |
| • 어차피 부딪힐 일이라면 당당히 맞서라. | • 가식적인 말보다는 솔직한 말로 상대방을 대하라. |
| • 답답하다 말 좀 하고 살아라. | • 자기 방식에 도취되어 살지 말아라. |
| • 먼저 안녕이라고 말해라. | • 잘난 척 하지 말아라. |
| • 자신에 대한 자신감을 가져라. | • 깊이 사귈 친구를 만들어라. |
| • 생각만 하지 말고 실천하여라. | • 자신의 생각을 남에게 강요하지 마라. |
| • 삐지지 말아라. | • 진지해라. |
| • 다른 사람의 장점을 드러내며 이야기해라. | • 상대방의 입장에서 생각하라. |
| • 새로운 장소, 새로운 사람을 즐겨라. | • 쉽게 거절하지 말아라. |
| • 다른 사람들이 나를 관찰하고 있다고 생각하지 말아라. | • 튀는 행동을 삼가라. |
| • 자신을 완벽하게 표현하는 사람은 없다. | • 활달한 것도 좋지만 차분히 생각해라. |
| | • 아무 때나 나서지 말아라. |
| | • 이것저것 생각하지 말아라. |
| | • 많이 생각하고 실수를 줄여라. |

2) 감각형(S)이 직관형(N)에게, 직관형(N)이 감각형(S)에게 하고 싶은 말

| S성향이 N성향에게 바란다. | N성향이 S성향에게 바란다. |
|---|---|
| • 대충대충 살지 말아라.<br>• 현실을 직시하라.<br>• 상황을 정확하게 파악하라.<br>• 신중하게 생각해라.<br>• 아는 대로 행동해라,<br>• 있는 그대로 보고 생각해라.<br>• 일처리를 정확하게 해라.<br>• 뜬 구름 잡지 말고 현재를 중요시해라.<br>• 너의 입장을 생각해라.<br>• 허황된 꿈을 버려라 | • 눈에 보이는 것만이 전부가 아니다.<br>• 꼼꼼한 것도 좋지만 전체의 윤곽을 한번 살펴봐라.<br>• 현재만 생각하지 말고 미래를 생각해라.<br>• 집중력이 강해서 좋겠다.<br>• 사실적이고 정확한 것도 중요하지만 상상적이고 부드러운 것도 좋다.<br>• 표현력이 뛰어나서 좋겠다.<br>• 너무 현재에만 치중하는 것보다는 앞을 내다볼 줄도 알아야 한다.<br>• 강만 보지 말고 바다도 봐라.<br>• 겉으로만 보고 생각하지 말고 속을 보고 생각하라. |

### 3) 사고형(T)이 감정형(F)에게, 감정형(F)이 사고형(T)에게 하고 싶은 말

| T성향이 F성향에게 바란다. | F성향이 T성향에게 바란다. |
|---|---|
| • 너무 감정에 치우치지 말아라. 언젠가는 큰 손해를 볼 수 있다.<br>• 따뜻한 가슴보다는 차가운 머리로 냉정하게 따져보는 습관도 가져라.<br>• 객관적으로 판단하고 행동해라.<br>• 기준을 중시하고 원리원칙을 지켜라.<br>• 자기 자신의 이익도 한 번 생각해 보아라.<br>• 논리적인 생각을 가져라.<br>• 정이 많아서 그것 때문에 스트레스를 받을 수 있다.<br>• 용기를 가지고 소신껏 행동해라.<br>• 맺고 끊는 것을 확실하게 해라.<br>• 너의 감정을 절제해라.<br>• 너의 따뜻한 마음이 부럽다.<br>• 남에게 맞다, 틀리다, 하기 싫다는 말도 자신있게 말해라. | • 너무 계산적으로 살지 말아라.<br>• 겸손한 마음을 가져라.<br>• 매사에 합리적이어서 좋겠다.<br>• 살아가면서 융통성을 필요로 할 때가 많다.<br>• 인간관계는 계산적인 것보다 따뜻한 정으로 맺어진다.<br>• 너무 완벽하려고 하면 네 자신이 힘들어질 수 있다.<br>• 너무 원칙대로 생각말고 사람과의 정을 쌓아라.<br>• 모든 일에는 느낌이 중요할 때가 많다.<br>• 너무 딱딱하게 굴지 마라.<br>• 사교성을 가져라.<br>• 이성을 잃지 않는 게 부럽다.<br>• 마음을 따뜻이 가져라,<br>• 감정에 휩싸이지 않고 냉정한 판단을 할 수 있어 좋겠다.<br>• 냉정한 모습이 접근하기 어렵게 한다. |

## 4) 판단형(J)이 인식형(P)에게, 인식형(P)이 판단형(J)에게 하고 싶은 말

| J성향이 P성향에게 바란다. | P성향이 J성향에게 바란다. |
| --- | --- |
| • 시간을 효율적으로 잘 활용해라.<br>• 너무 계획적이지 못하면 좋은 결과를 얻을 수 없다.<br>• 신속하게 판단해라.<br>• 한 번 마음 먹었으면 반드시 행해라.<br>• 뚜렷한 목적의식을 가져라.<br>• 융통성 있어서 좋겠다.<br>• 시간을 아끼는 자만이 성공한다.<br>• 가볍게 행동하지 말아라.<br>• 생각없이 행동하다 후회할 것이다.<br>• 여유로워 보여 좋을 것 같다.<br>• 일을 할 때 효율적인 결과를 얻기 위해서는 계획적이고 체계적으로 준비해야 할 것이다.<br>• 뚜렷한 기준이 없이 일을 하면 흐지부지 될 수 있다.<br>• 계획과 통제를 따르면서 행동하라.<br>• 일차게 단단하게 깔끔하게 살아라. | • 너무 꼼꼼한 것 같다.<br>• 마음을 열고 여유로움을 가져라.<br>• 시간에 얽매이지 말아라.<br>• 언제나 곧은 방향으로 갈 생각말고 가금은 딴 방향으로 이동해 봐라.<br>• 꼼꼼하니까 가정주부 같다. 남자는 털털한 게 좋다.<br>• 철저한 계획 그러나 틀에 박힌 생각일뿐일 수 있다.<br>• 결과보다는 과정이 중요하다.<br>• 뚜렷한 목적의시과 주관이 있어 좋겠다.<br>• 너무 틀에 박혀 있어 융통성이 없다.<br>• 구속받는 일상보다는 자유로운 생활방식이 낫다.<br>• 개방적인 생각을 가지고 화끈한 모습을 보여줘라.<br>• 매사에 너무 복잡하게 생각하지 마라.<br>• 자신을 너무 완벽하게 하려고 하지마라. 안 힘드냐?<br>• 가끔은 속박에서 벗어나는 것도 재미있을 것이다.<br>• 자유롭게 살아라<br>• 교과서처럼 쫀존하게 살지 마라<br>• 자신의 부족한 점이 무엇인가를 잠시나마 생각하고 나도 부족하다는 것을 명심해라.<br>• 여러 방향으로 생각하여 결론을 내려라.<br>• 때로는 다른 방향으로 가 보는 것도 좋다.<br>• 계획된 일로 움직이다 변수가 생겨 당황하여 일을 그르치거나 하지말고 항상 엉뚱하지만 다른 변수를 생각해 보도록 한는 것도 좋겠다.<br>• 삶의 여유를 가져라. |

## 3. 반대선호지표의 개발방법과 효과적인 상호작용 방법

### 1) 반대선호지표를 개발하는 방법

| 외향형(I성향 개발) | 내향형(E성향 개발) |
|---|---|
| • 말하기 전에 마음속으로 자문하기<br>• 화자에서 청자로 역할 바꾸기<br>• 상대방이 표현할 때까지 기다리기 | • 타인에게 먼저 접근하여 질문하기<br>• 청자에서 화자로 역할 바꾸기<br>• 먼저 표현을 시도하기 |
| 감각형(N성향 개발) | 직관형(S성향 개발) |
| • 변화를 위한 근본이유 생각하기<br>• 새로운 아이디어 창출 경험하기<br>• 유사점, 공통점, 전체 사항 찾아보기 | • 세부사항 중 간과한 것 찾아보기<br>• 현실적으로 수행할 사항 찾아보기<br>• 구체적인 사실 나열해 보기 |
| 사고형(F성향 개발) | 감정형(T성향 개발) |
| • 비판하고 싶을 때 피드백 뒤로 미루기<br>• 상대의 기분과 감정 헤아려보기<br>• 나와 상대방의 정서에 귀기울이기 | • 감정이 격할 때 반응하는 것 참기<br>• 현 상황에서 객관적인 것 찾아보기<br>• 기분(느낌)과 별도로 대안 생각하기 |
| 판단형(P성향 개발) | 인식형(J성향 개발) |
| • 마무리 전에 추가 정보의 필요성 점검하기<br>• 결정전 과정에 대한 재검토해보기<br>• 유연성과 순발력 기르기 | • 마감 일정 자주 체크하기<br>• 행동할 시간과 생각할 시간 판단하기<br>• 스케쥴 진행상황을 수시로 점검하기 |

### 2) 반대지표와의 효과적인 상호작용 방법

① 외향(E)형에게

- 타인과 상호작용 할 때 먼저 자신에게 몇 가지 질문을 해 본다.
- 상대방의 이야기를 들을 수 있는 기회를 만든다.
  "저는 이렇게 생각했는데 이제 당신 생각을 듣고 싶네요"
- 회의 중에는 숙고하기 위한 시간을 만들어 넣는다.

② 내향(I)형에게

- 타인과 상호작용 할 때 자신의 생각을 충분히 표현한다.

• 상대방에게 내 생각을 말할 수 있는 기회를 만든다.
"당신 생각은 그렇군요. 제 생각은 이렇습니다."
• 회의 중에는 상호작용 시간을 만들어 넣는다.

③ 감각(S)형에게

• 세부사항에서 일이 진척되지 않을 때는 어떤 일을 하게 된 근본적인 동기나 이유를 생각한다.
• 새로운 아이디어가 필요할 때는 이전에 좋은 아이디어가 떠올랐던 상황을 상기해본다.
• 전달하고자하는 것을 열거하기보다는 전달하고자 하는 핵심을 생각해본다.
• 어떤 일을 시작할 때 전체적인 그림을 그려보고 필요할 때마다 그 그림을 상기한다.

④ 직관(N)형에게

• 어떤 일을 구체화시키고자 할 때 자신의 비젼에 맞추어 필요한 세부사항을 연결시킨다.
• 세부적인 것들을 추적하여 그것이 새롭고 흥미로웠던 때로 거슬러 올라간다.
• 세부적인 것 때문에 고민할 때, 전체적인 큰 그림과 연관성을 파악한다.
• 어떤 일의 핵심주제 뿐만 아니라 그 일이 진행된 절차, 현실적인 구체적인 사항들을 고려한다.

⑤ 사고(T)형에게

• 자신의 논리를 따라 비판하고 싶을 때는 피드백을 하지 않고 미룬다.
"좀 더 도움이 될 수 있는 피드백은 내일 아침이면 말씀드릴 수 있을 것 같군요."
• 타인들이 잘 했던 모든 것을 나열해 봄으로써 자신과 타인이 준비할 수 있도록 한다.
"이 점도 잘 되었군요. 이 문장은 흥미 있습니다."
• 협조적인 자세를 보이면서 돕고 싶어함을 알려준다.
"당신이 관심이 있다면 그 자료를 쉽게 검토할 수 있는 방법을 알려드리죠."
• 일에 대해 이야기할 때에도 그 말을 듣는 사람의 마음이 어떨지를 생각해본다.

⑥ 감정(F)형에게

• 당신의 감정이 격할 때는 반응을 하지 않는다. 속으로 이렇게 말하자.

"난 지금 이것에 대해 반응할 준비가 되어 있지 않아."

- 무엇이 나를 화나게 만들었고, 그 이유가 어떤 것인지를 명료하게 함으로써 반응할 준비를 한다. 그리고 객관적 용어로 내 감정을 설명하고 그 감정의 배경을 알려준다.
- 타인의 감정을 경청한다. 그리고 그들 입장을 이해하려고 한다.
- 일에서의 공적인 효과를 환기한다. 사물을 비개인적인 관점으로 보는 방법을 생각해본다.

⑦ 판단(J)형에게

- 사전에 충분한 자료가 수집되었는지를 검토한 후 결정하도록 한다.
- 어떤 결정을 할 때, 결정을 하게 된 과정을 다시 되짚어본다.
- 계획은 변경될 수도 있다고 생각한다.

⑧ P(인식)형에게

- 의사결정 시기를 분명히 하고, 마감시간을 정하거나 행동의 목적을 분명히 한다. 그리고 전체 일에서 자신의 책임이 어디까지인가를 짚어본다.
- 잦은 피드백 시간을 정해서 스스로 체크하고 주위사람들에게 알린다.
- 자신이 해야 할 일들 간의 순서를 매겨 우선순위를 정한다.
- 마감일로부터 거꾸로 계획을 짜서 오늘의 할 일을 정한다.

# Ⅴ. 정신기능별 그룹작업 사례

## 1. 주기능별 그룹작업

정신기능은 인식기능과 판단기능을 말한다. 즉 S-N, T-F의 4기능으로 의식과 무의식에 위치한다. 이 4기능 중 가장 의식에 많이 올라온 기능을 주기능이라고 하고, 무의식에 가장 많이 숨겨져 있는 기능을 열등기능이라고 한다. 주기능과 열등기능은 서로 반대적이다.

사람이 정신적인 활동을 할 때 주기능을 가장 우선하고 많이 활용하게 되는 반면, 열등기능은 잘 사용하지 않게 된다. 그러나 열등기능이 부정적인 방법으로 표현될 때도 있다.

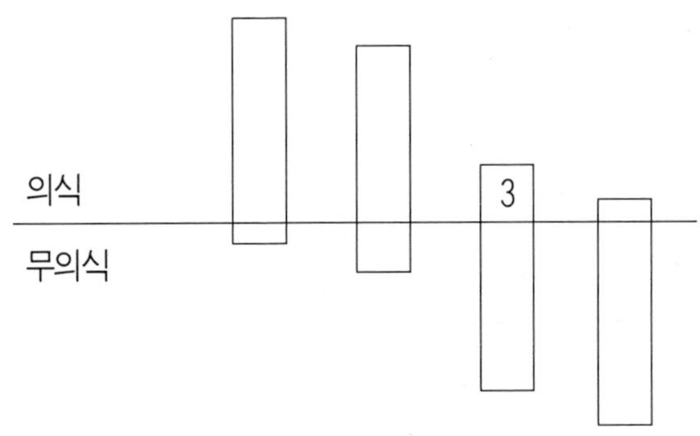


※막대기의 전체 크기는 같습니다. 의식과 무의식에 숨겨진 부분 크기도 주·열등은 같고 부기능, 3차기능도 크기가 같습니다.

## 1) 주기능이 나타낼 수 있는 강점

| 주기능 S (ISTJ, ISFJ, ESTP, ESFP) | 주기능 N(INTJ, INFJ, ENTP, ENFP) |
|---|---|
| • 타당한 사실을 인정한다<br>• 문제에 경험을 적용한다.<br>• 구체적인 단서를 간직한다<br>• 문제를 현실적으로 다룬다. | • 새로운 가능성을 인정한다.<br>• 문제에 독창성을 발휘한다.<br>• 미래를 준비하는 방법을 안다.<br>• 새로운 핵심에 대해 관찰한다.<br>• 새로운 문제에 흥미를 가지고 관찰한다 |
| **주기능 T(ISTP, INTP, ESTJ, ENTJ)** | **주기능 F(ISFP, INFP, ESFJ, ENFJ)** |
| • 분석을 잘한다.<br>• 진행의 흐름을 찾는다.<br>• 어떤 정책에 대해 일관성을 유지한다.<br>• 법적 증거에 비중을 둔다<br>• 반대편에 대항해 확고한 입장을 취한다. | • 공감을 잘 한다.<br>• 다른 사람이 어떻게 느낄지에 대해 예견한다.<br>• 정상참작이 가능한 상황을 허용한다.<br>• 가치를 중시한다.<br>• 각 사람의 기여를 인정한다. |

## 2) 주기능별 그룹작업 사례

① 주기능 S의 특징

시간이 많이 걸려도 꼭 그 길로 간다.
눈치가 매우 빠르다.
뭐든지 해봐야 한다.
백분이 불여일견
길을 잃으면 직접 물어본다.
인정할 수 있는 사실에 대해서만 맞장구를 친다.
시행착오를 많이 한다(직관에 의한 해결력 부족).
정해진 일에 잔소리하면 화가 난다.
영화표나 여행 정보자료를 간직한다.
새로운 곳보다 가본 익숙한 곳을 더 좋아한다.
지금이 중요해 현실을 중시한다.
충동구매를 잘 안하고 계획해서 물건을 산다.
한번 싫으면 싫고, 좋으면 계속 그것을 고집한다.
판에 박힌 행동을 하고 변화를 싫어한다.
보수적인 성향이 강하다.

② 주기능 N의 특징

즉흥적이고 새로운 곳을 좋아한다.
관찰력이 뛰어나고 즐거움을 추구한다.
힘든 일을 하다가도 또 다른 가능성을 발견한다.
잘 될 거라는 긍정적 사고를 잘 한다.
하고 싶은 것 되고 싶은 것은 많지만 생각뿐이다.
거창하게 계획은 짜나 실천이 잘 안 된다.
남들과 다른 것을 좋아하고 유행을 선도한다.
호기심이 많아 다양한 것에 관심을 쏟는다.
내일은 있으나 오늘의 할 일에 성실하지 못하다.

③ 주기능 T의 특징

정보를 수집하고 분석하는 천재다.
남의 말을 수용하는 척하나 결론은 자기것이다.
한 가지 주제를 다양한 관점에서 분석한다.
그때 그 기분이 표정에 금방 나타난다.
도전할 경우도 실패 가능성을 염두에 두고 해결책을 마련한다.
따질 때는 확실한 근거를 제시해 꼼짝 못하게 한다.
사건의 맥을 정확히 알아채고 교통정리를 한다.
억울한 일은 절대로 그냥 넘어가지 못 한다.

④ 주기능 F의 특징

귀가 얇고 마음이 약해서 주관이 흔들린다.
모든 일에 정당성을 부여하나 안 되면  핑계나 이유를 댄다.
상대방의 비위를 잘 맞춘다.
눈치를 잘 보고 상대방의 표정과 행동에 민감하다.
감정이입을 잘 해서 영화 등을 보면서 잘 운다.
타인의 입장을 헤아리다가 종종 물리적, 심리적 손해를 감수한다.
집단에서 중요한 역할이라고 인정되면 무조건적으로 따르고 도와준다.
천사표 기질이 있어 도움을 청하면 거절을 못 한다.
역지사지로 생각해 타인의 입장을 잘 이해한다.

# 2. 열등기능별 그룹작업

## 1) 열등기능의 양상과 개발방법

열등기능의 양상은 파괴적이고 부정적인 방법으로 나타나는 경우는 매우 지쳐있거나 스트레스를 받는 경우, 아프거나 알콜(약물)을 복용할 때, 의식적인 기능과 통제가 약해진 경우이다. 그러나 개인의 적절한 통제의 의식적인 차원에서 사용할 경우는 개인의 성장발달에 긍정적이지만 지나치게 사용하면 오히려 부적응을 초래하기도 한다.

열등기능을 개발하는 방법은 열등기능의 부정적 체험을 이해하고 수용하며 그것을 나타내는 신호를 잘 파악하여 반성적 사고를 통해 원인이나 대처스타일을 찾아보고 다음에 다시 이런 일을 겪지 않도록 노력한다. 또한 좋은 역할의 모델을 찾아 자문을 얻거나 좋은 행동을 본받도록 노력하고 다양한 활동이나 유우머를 통해 개발하는 것도 도움이 된다.

## 2) 열등기능이 나타낼 수 있는 약점

| 열등기능 N (ISTJ, ISFJ, ESTP, ESFP) | 열등기능 S (INTJ, INFJ, ENTP, ENFP) |
|---|---|
| • 부정적 관점에서 미래를 본다<br>• 매우 비관적이다.<br>• 외곬으로 빠져 다른 가능한 방법을 못 본다<br>• 판에 박힌 행동을 한다. | • 중요하지 않은 세부사항에 대해 강박적이다.<br>• 비관여적 사실에 열중한다.<br>• 감각적으로 추구하는데 열중한다.<br>• 먹고 마심, 운동을 지나치게 좋아한다. |
| 열등기능 F (ISTP, INTP, ESTJ, ENTJ) | 열등기능 T (ISFP, INFP, ESFJ, ENFJ) |
| • 과민하다<br>• 화를 내거나 기대하지 않은 감정을 보인다.<br>• 매우 개인적으로 비판을 한다.<br>• 감정을 조절못해 폭발적인 반응을 보인다. | • 과도하게 비판적이다.<br>• 모든 것에서 대부분 결점을 발견한다.<br>• 지나치게 오만하다.<br>• 다른 사람의 말에 귀를 기울이지 않으며 꼬치꼬치 따지고 고집을 부린다.<br>(비합리적 논리성) |

## 3) 열등기능 그룹작업 사례

| 열등기능 S | |
|---|---|
| 힘들었던 상황 | 개발해야 할 점 |
| • 현실감이 없다.<br>• 돈에 대한 개념이 없다.<br>• 수에 대한 거부감이 있다.<br>• 사람, 얼굴, 이름이 매치가 안 된다. | • 인상착의 특징을 메모해라.<br>• 창의성을 살려 반복연습해라.<br>• S가 주기능인 배우자나 친구를 선택해서 배워라.<br>• 스크랩 등을 해서 활용해라,<br>• 정확한 관찰과 현실을 잘 챙겨라 |
| 열등기능 N | |
| 힘들었던 상황 | 개발해야 할 점 |
| • 상상력이 부족하다.<br>• 이벤트나 발명 등의 과제가 힘들다.<br>• 시를 잘 이해하기 어려울 때도 있다.<br>• 내가 경험하지 않은 것은 인정하지 않는다.<br>• 작선적으로 말해야 알아듣기 편하다.<br>• 참신한 아이디어를 좀 내봐 가 가장 무섭다. | • SF영화나 만화 등을 보고 상상력을 기른다.<br>• 일상생활에서 일탈을 꿈꿔보기<br>• 고정관념, 선입관 등에서 벗어나기<br>• 명상훈련이나 육감 훈련으로 자신을 개발하기 |
| 열등기능 T | |
| 힘들었던 상황 | 개발해야 할 점 |
| • 싸울 때 조목조목 대응하지 못함<br>• 내가 준비되지 않은 상황에서 논리/조직적인 것을 요구할 때 앞이 캄캄해진다.<br>• 여러 가지 일이 겹쳤을 때 객관적인 판단이 어렵다. | • 미리 경계선을 정해놓기<br>• 사전에 대비 시나리오를 작성하기<br>• 협조자를 만들어 놓고 상황에 대비하기<br>• 이기려 하지 말고 마음을 비우기 |
| 열등기능 F | |
| 힘들었던 상황 | 개발해야 할 점 |
| • 차갑다 / 교만하다 / 접근금지 / 무자비해 소리 들을 때<br>• 필요할 때만 전화한다.<br>• 친근한 관계 이전에 지나친 접근이나 표현을 거북스러움(닭살돋음) | • 무뎌지자고 생각을 바꾸자.<br>• 사람관리에 신경을 쓰자.<br>• 따지지 말고 타인의 생각을 파악하고 이해하자.<br>• 말하기 전에 한 번 더 생각하자.<br>• 욕심을 줄이고 일을 줄이자.<br>• 좀 더 상대를 배려하기 |

# Ⅵ. Keirsey의 기질론

## 1. 4가지 기질

Keirsey는 고대 그리스 철학자들의 기질이론을 배경으로 16가지 성격유형과 관련하여 4가지 기질이론을 만들어 기질에 따른 지배적인 특성을 설명하였는데 겉으로 드러나는 태도로 볼 수 있다.

### 1) 4가지 기질(SJ / SP / NF / NT)의 특성과 기본적 욕구

① 4가지 기질별 특성

| 각 기질별 특성 | | | |
|---|---|---|---|
| • 소속과 봉사, 책임감, 의무를 존중하고 위계질서를 존중한다. 보수적 가치관을 가지고 있고 근면하다. 경험을 통해 체득한다. | SJ<br>(보호자) | SP<br>(장인) | • 자유스러움, 충동적, 자발적, 흥취와 자극을 추구, 현재에 몰입, 절충적이며 적응적이다. |
| • 진실, 공감, 공유관계를 원하고 의미와 정체감을 추구한다. 성장지향적이고 미래에 대해 관심을 갖는다. | NF<br>(이상가) | NT<br>(합리적) | • 원리파악, 사고의 정확성을 추구하며, 이론적, 논리적이다. 독립적 사고를 한다. |

② 4가지 기질별 기본욕구

| 4가지 기질의 기본적 욕구 | | | |
|---|---|---|---|
| • 소속의 욕구,<br>의무수행의 욕구,<br>책임완수의 욕구 | SJ | SP | • 충동에 따르고자 하는 욕구,<br>숙달된 기능 실현의 욕구,<br>인상(Impression)을 주고자 하는 욕구 |
| • 자아실현의 욕구,<br>잠재력 개발의 욕구,<br>진실하고자 하는 욕구 | NF | NT | • 성취 욕구<br>능력 발휘의 욕구,<br>자신감 실현의 욕구 |

③ 4가지 기질에 따른 행동특성

| SJ(보호자) | SP(장인) |
|---|---|
| • 소속과 봉사<br>• 책임감과 의무존중<br>• 위계질서 존중<br>• 보수적 가치관<br>• 전통중시<br>• 근면정신<br>• 경험과 체득 | • 자유스러움<br>• 충동적<br>• 스스럼없고 자발적<br>• 흥취와 자극<br>• 현재의 몰입능력<br>• 행동적이고 용감<br>• 도구사용의 숙련성<br>• 절충과 적응 |
| NF(이상가) | NT(합리추구자) |
| • 진실과 공감, 공유관계원함<br>• 의미와 정체감 추구<br>• 성장지향<br>• 잠재력 개발(상담, 교직, 집필)<br>• 실존적<br>• 자아실현 추구<br>• 미래성 | • 자신감 실연<br>• 지적 이해<br>• 원리파악과 장악<br>• 사고의 체계구축<br>• 사고의 정확성<br>• 이론과 논리성<br>• 장기계획<br>• 추상적 구도 구축 |

## 2. 4가지 기질의 구체적 설명

### 1) SJ기질

SJ기질은 예리한 준으로 주위를 관찰하며 그들 자신과 타인의 행동을 계획해서 그 계획대로 꾸준히 실행해 가는 유형이다. 이 기질의 사람들에게는 모든 것이 제자리에 있어야 하고, 처음에 계획되었던 대로 실행되어져야 한다. 이러한 것에는 차질이 있어서는 안 되면 그 실행여부에 대해서는 철저히 감독하고 확인하는 스타일이다. 만약 이것이 제대로 지켜지지 않을 경우 누구든지 그에 상응하는 정당한 이유가 있어야 한다. 같은 SJ기질의 사람들 가운데서도 계획을 수행하는데 있어서 사고형은 완고하고 의지가 강한 스타일로 계획을 추진하지만 감정형은 다정하고 부드럽게 행동하는 편임으로 서로 행동이 다르게 나타난다. 또한 사회적 태도에 있어서도 외향형은 잘 표현하나 내향형은 잘 표현하지 않는다.

이런 기질의 사람들은 다른 사람들의 자신들이 실행한 것들이 정당하게 수용되어지기를 바라므로 보수성이 강하고 안정적이며 언행이 일치하고 사무적이다. 또 민감하고 사실적이며 충동적이지 않고 근면 성실하며 끈기와 완벽을 추구하는 스타일이다.

### 2) SP기질

SP기질은 자기에게 닥친 문제를 해결하기 위해 주변에서 이용할 수 있는 상황을 즉각적으로 활용하는 유형이다. 이 사람들은 언제 어디서든 자유를 만끽하길 원하며, 또한 어떤 이득을 위해서는 낙천적이고 쉽게 흥분하며 수단이 좋다. 비록 이들은 선택을 하는데 있어서 사고형은 완고하게, 감정형은 우호적으로 다르게 행동하고, 사회적으로도 외향형은 표현을 하면서 내향형은 수줍어하면서 다르게 행동하지만 원하는 것을 성취하는데 있어서는 매우 실제적이고 효과적이다.

이들은 대체로 적응력이 좋고 장인정신이 있으며 운동은 좋아하고 현실을 직시하면 결코 그것과 싸우려 하지 않는다. 주변상황을 잘 파악하고 순간의 욕구를 빨리 깨달으며 사용가능한 사실들을 저장하고 이론적인 것을 싫어한다. 또 태평스럽고 인내심이 부족한 편이며 편견이 없고 설득적이며 기계나 도구를 만지는데 천부적인 소질이 있고 돈을 쉽게 쓴다. 색깔과 선, 옷감에 민감하며 가장 먼저 경험하기를 원하고 대체로 인생을 즐기는 편이다.

### 3) NF기질

NF기질은 내성적인 관점에서 사람들의 생활에 어떻게 하면 의미와 전체성을 가져다 줄 수 있는가에 대해 이상적으로 접근하는 유형이다. 이들은 그들 주변에서 일어나는 사람들 간의 갈등에 견디지 못하며 매우 인간적인 방식으로 자기가 속해 있는 집단 추종자들의 사기를 높이기 위해 노력하고, 또한 자기가 사랑하고 있는 사람의 기분을 좋게 하기 위해 노력한다. 실제로 그들은 우호적인 감정을 가지고 행동하는 가운데서 외향형은 표현하면서 내향형은 수줍어하면서 개인마다 다르게 행동한다. 또 자신의 주변에 있는 동료나 가족, 친구들과는 좋은 감정을 가지고 관계를 계속 유지해 가는 것을 매우 중요하게 생각하므로 인간적이고 동정적이고 열정적이고 종교적인 면이 강하다. 또 창의적이고 직관적이고 통찰력이 다른 유형에 비해 높은 편이다.

### 4) NT기질

NT기질은 내성적인 관점에서 주어진 문제를 해결하기 위해 어떤 종류의 기술이 유용한가를 밝혀내는데 탁월한 유형이다. 문제를 해결하기 위해 그들은 자신에게 끊임없이 일관되게 합리적으로 행동할 것을 요구한다. 비록 문제에 부딪힐 때 판단형은 계획적으로 인식형은 융통성있게, 외향형은 표현함으로 내향형은 수줍어하면서 행동하지만 그 행동에 대한 합리성을 지니고 있다.

이들은 대체로 분석적이고 체계적이며 추상적이고 이론적인 면에서 강하다. 지적이고 복잡한 것을 선호하며 자신감이 넘치고 다른 유형에 비해 논리적이고 과학적이므로 효율성과 정확성을 중요시하고 매우 독창성이 뛰어나다.

## 3. 기질별 그룹작업 사례

### 1) 우리들의 가치관 또는 신조

| SJ | SP |
|---|---|
| • 모든 일에 앞장서서 체계적으로 계획 실행하자.<br>• 모든 일에 최선을 다하고 피해 입히지 말자<br>• 노력하면 안 되는 일이 없다. | • 욕 안 먹고 제대하자<br>• 기본권을 박탈 당하지 않는 군생활을 하자 |
| **NF** | **NT** |
| • 남에게 미움이나 싫은 소리를 듣지 않고 제대하자<br>• 기본이 바로 서고 인정 많은 사람이 되자. | • 부대원의 복무신조<br>• 우리는 자랑스럽고 영원한 백호부대원이다. |

### 2) 상징동물과 주제가

| SJ | SP |
|---|---|
| • 호랑나비- 열심히 날며 부지런하고 화려하게<br>• 호랑나비 | • 독수리- 자유, 구속이 싫다<br>• 젊은 그대 |
| **NF** | **NT** |
| • 송아지- 눈이 선한 동물처럼<br>• 가시나무새 | • 갈매기- 넓은 바다와 자유, 그리운 소리로<br>• 사람이 꽃보다 아름다워 |

### 3) 우리에게 가장 중요한 것

| SJ | SP |
|---|---|
| • 건강, 직업, 돈<br>• 휴가, 가족, 우정<br>• 의리 | • 제대, 휴가<br>• 돈<br>• 여자, 가족 |
| **NF** | **NT** |
| • 꿈(이상, 미래)<br>• 가족, 전우<br>• 건강 | • 예수님, 부처님<br>• 친구<br>• 여자 |

### 4) 우리가 원하는 삶의 형태

| SJ | SP |
|---|---|
| • 적극적인 태도와 리더쉽<br>• 열심히 저축하고 목표를 성취하는 삶 | • 잘 먹고 잘 살자.<br>• 하고 싶은 것 간섭 안받고 돈 많이 버는 것 |
| **NF** | **NT** |
| • 꿈을 향해 노력하는 삶<br>• 자연과 함께 유유자적 하는 삶 | • 능력있는 여자와 결혼해 하고싶은 것 하는 것<br>• 시골들녘 작가같은 깨끗한 삶 |

## 5) 최고의 인물선정 기준

| SJ | SP |
|---|---|
| • 대인관계 좋은 사람<br>• 솔선수범자<br>• 남을 배려하는 사람 | • 눈치빠른 사람<br>• 일 잘하는 사람<br>• 여자 많은 사람 |
| **NF** | **NT** |
| • 성실<br>• 근면<br>• 노력 | • 명예, 솔선, 봉사<br>• 여자, 가족이 많은 사람<br>• 피부가 깨끗한 |

## 6) 형편없는 사람의 의미

| SJ | SP |
|---|---|
| • 개인주의와 이기주의<br>• 자기몸만 편하려 하는 사람<br>• 손버릇이 더러운 | • 짬밥 먹고도 어리버리한 사람<br>• 있어도 없어도 그만인 사람<br>• 쓸데없이 인상쓰는 사람 |
| **NF** | **NT** |
| • 나를 이해 못하는 사람<br>• 남에게 인정받지 못하는 사람 | • 도수체조 못하는 사람<br>• 복무신조 못외우는 사람<br>• 군기가 빠진 사람 |

# Ⅶ. 4가지 기능별(ST/SF/NF/NT) 특징

## 1. 기능별 특징

기능은 마음의 기능, 정신기능으로 행동표현 이전의 마음속의 움직임 혹은 마음의 역동성을 의미한다. 정보수집 차원과 판단결정 차원의 조합으로 SF, ST, NT, NF 4가지로 서로 다른 특징으로 표현된다. 일반적으로 다음과 같은 그룹작업을 통해서 차이를 확인할 수 있다.

### 1) ST유형 특징

| **ST유형** | |
|---|---|
| ST의 장점 | ST의 약점 |
| • 과제를 조직, 지시하고 완성할 수 있다.<br>• 능률적이고 실질적이며 신뢰롭다.<br>• 판단에 있어서 객관적이고 논리적이며 비개인적이고 공정하다.<br>• 정확하고 올바른 것을 좋아한다.<br>• 조직화된 일을 잘 수행한다.<br>• 조직체에서 가장 잘 적응할 수 있는 유형이다.<br>• 사실과 경험을 가장 잘 다루는 사람이다. | • 직원들이 하나의 인간이라는 것을 망각할 수 있다. 사무실에서 대인관계의 측면을 잘 이해하지 못한다.<br>• 매우 지시적이다. 그 과제를 잘 수행하려면 어떻게 해야 하는가에 대해서 생각해 보려는 직원들의 욕구를 무시하는 경향이 있다.<br>• 부모와 같은 태도를 취하기 때문에 다른 유형의 사람들이 피하는 경향이 있어서, 문제상황에 대한 필요한 피드백을 받지 못할 수 있다.<br>• 사무절차의 변화를 직원들의 불성실 때문이라고 생각하는 경향이 있다.<br>• 장기적인 계획을 잘 세우지 못하고 미래의 변화를 예측하지 못한다. |

| ST유형 | |
|---|---|
| ST의 사기를 높이는 것 | ST의 사기를 떨어뜨리는 것 |
| • 명확한 지시가 있을 때<br>• 사실에 대한 접근<br>• 명확한 보고 관계가 있는 위계적인 명령 전달체계<br>• 필요한 모든 도구와 장비가 갖추어진 정돈되고 조직화된 작업환경<br>• 정확성과 세부사항에 대한 주의<br>• 업적에 대한 구체적인 보상구조<br>• 계획, 연중계획, 마감날짜, 측정 가능한 목적 | • 규칙이나 절차의 부재<br>• 비조직화된 또는 전혀 조직화되지 않은 판단결정<br>• 대인 상호작용에 대한 높은 수준의 요구<br>• 목표만 있고, 측정 가능한 목적이 없는 경우<br>• 생산지향적이기보다는 과정지향적인 분위기 |

## 2) SF유형 특징

| SF 유형 | |
|---|---|
| SF 유형의 장점 | SF의 약점 |
| • 인간적인 따뜻함을 가지고 있다.<br>• 작업관계를 응집력이 있게 만드는 능력이 있다.<br>• 사람에게 관심이 있다.<br>• 사람을 지원하고 도와주는데 익숙하다.<br>• 집단과정을 촉진시키는데 익숙하다.<br>• 기꺼이 경청하고 상담하고 타협한다.<br>• 사회적인 면과 대인관계에 대해서 잘 알고 있다.<br>• 타인에 대한 고마움과 칭찬을 기꺼이 그리고 쉽게 표현할 수 있다. | • 다른 사람들의 의해 쉽게 상처를 받으며 지나치게 감정적이다.<br>• 비판에 대해 지나치게 민감하다.<br>• 사람들이 자기에 대해 어떻게 생각하는가에 지나치게 민감하다. 그로 인해 중요한 문제에서 자기 주장을 못하는 수도 있다.<br>• 사람들에 대해 객관적인 태도를 취하기가 어렵다.<br>• 때때로 자기가 믿고 있는 것을 단호하게 유지하거나 반대하는 것에 확고하게 반대하는 것이 힘들다. |
| SF의 사기를 높이는 것 | SF의 사기를 떨어뜨리는 것 |
| • 충성과 우호를 중요시할 때<br>• 팀의 일부가 되어 다른 사람들과 함께 일을 할 때<br>• 다른 사람이 그를 '상관'이 아니라 '사람'으로 생각할 때<br>• 남들로부터 고마움이나 인정을 규칙적으로 받을 때<br>• 감정을 가치 있는 것으로 인정할 때 | • 비인간적으로 다루어질 때<br>• 혼자 일을 하게 될 때 또는 다른 사람들과 떨어져서 일을 하게 될 때<br>• 추상적인 추리를 요구하는 일을 할 때 |

### 3) NF유형 특징

| **NF 유형** | |
|---|---|
| NF의 장점 | NF의 약점 |
| • 다른 사람들에게서 변화에 대한 열정과 몰입을 이끌어 내는 능력이 있다.<br>• 언제 변화를 시도해야 되는가를 안다. 대안과 가능성, 새로운 접근, 이전에 일어나지 않았던 일들에 관심을 갖는다.<br>• 변화를 필요한 것으로 인식하며, 새로운 아이디어, 비범한 것, 비논리적인 것에도 개방적이며 전통의 구애를 받지 않는다.<br>• 사실과 세부사항들을 해석하여 보다 광범위한 사실로 수렴하는 능력이 있다.<br>• 인간의 복지문제를 해결하는데 관심이 있다.<br>• 다양하고 탐색적인 방법으로 과제에 접근한다.<br>• 규칙이나 지시가 최소한으로 주어지는 다소 애매하고 불분명한 상황에서도 편안한 마음으로 일을 한다. | • 때때로 계획을 완수하지 못하거나 계획이 아이디어나 영감을 따르지 못하는 경우가 있다.<br>• 문제를 현실적으로 다루는데 어려움이 있다.<br>• 새로운 미래의 필요를 위해서 '현재 해야 할 일'을 간과하는 수가 있다. |
| NF의 사기를 높이는 것 | NF의 사기를 떨어뜨리는 것 |
| • 계획하고 개념화하는 아이디어와 능력을 가치있는 것으로 인정해 준다.<br>• 지적인 능력에 도전이 될 만한 어려운 과제를 준다.<br>• 추론능력을 칭찬한다. 즉 개념적인 문제에 대한 능력을 칭찬한다.<br>• 아이디어와 계획을 실행할 만한 권한을 부여한다. | • 충분히 생각하지 않았거나 비논리적인 또는 노리나 원칙을 위반하는 일을 시키는 것<br>• 규칙, 전통, 관습 등 중요한 문제에 대한 개방적인 분석과 해결을 방해하는 사람들의 편견<br>• 누구라도 할 수 있는 단순한 과제의 수행에 대해서 칭찬을 받는 것<br>• 감독을 받는 것<br>• 지적인 도전 없이 일을 하는 것 |

## 4) NF유형 특징

| NT 유형 | |
|---|---|
| NT의 장점 | NT의 약점 |
| • 자료를 조직하고 통합하는 능력이 있다.<br>• 어려운 과제를 수행하는데 있어 인내할 줄 알고 지구력이 있다.<br>• 장기적인 계획을 세우고 해야할 일을 구조화하여 조직의 목표를 달성하는 능력이 있다.<br>• 판단이 객관적이며 편파적이지 않고 비개인적이다.<br>• 능력과 완벽을 추구한다. 간결하고 정확한 것을 좋아한다.<br>• 이전에 배운 것을 새로운 상황에 적용하는 능력이 있다. | • 자신과 다른 사람들에게 지나치게 비판적이다.<br>• 때때로 다른 사람들의 욕구와 감정에 둔감하다.<br>• 동료나 부하들에 대해서 여러 가지 부정확한 가정을 많이 한다. 즉, 그들이 자신이 하는 대로 생각하고 행동할 것이라고 여긴다.<br>• 협동적으로 일하는 능력이 부족하다.<br>• 냉정하고 거리감이 느껴진다.<br>• 자신과 같은 방식으로 일을 하지 않는 사람들을 무시하는 경향이 있다. |
| NT의 사기를 높이는 것 | NT의 사기를 떨어뜨리는 것 |
| • 자신의 계획과 영감을 추구하도록 허락하는 것<br>• 그들이 개성, 창의성, 논리적인 사실에 집착하는 것을 높이 평가하는 것<br>• 그들의 이상을 존중하는 것<br>• 이론과 계획을 발전시키는데 필요한 자원이나 자율적인 작업환경을 마련해 주는 것 | • 규칙이나 규율, 표준적인 작업 절차를 따르도록 계속해서 종용하는 것.<br>• 영감이 없는 작업<br>• 순종과 통일을 강요하는 것<br>• 연구나 탐구에 부적절한 정도의 짧은 시간 내에 마감을 강요당하는 것<br>• 일상적인 일을 따르게 하고 세부적인 문제에 집착하게 하는 것 |

## 2. 기능별 그룹작업

### 1) 부대원들의 기능별 그룹작업

① 우리는 ____할 때 스트레스를 받는다.

| ST | SF |
|---|---|
| 1. 작업시, 구역분배, 인원편성에 문제가 있다고 생각되면<br>2. 근무 복귀 후 반찬이 없을 때<br>3. 정확한 보고 체계가 이루어지지 않을 때<br>4. 날씨가 좋은데 작업할 때<br>5. 시간은 없은데 할 일이 많을 때 | 1. 포상휴가 안 보내줄 때<br>2. 열심히 한다고 했는데 아무도 안 알아줄 때<br>3. 부대분위기가 삭막할 때<br>4. 어이없이 벌점줄 때<br>5. 간부들이 사병들한테 화풀이 할 때 |
| **NT** | **NF** |
| 1. 잔소리 들을 때<br>2. 답답한 사람을 볼 때<br>3. 하고 싶은 일을 못 하게 할 때<br>4. 단순한 작업을 계속할 때<br>5. 뒤통수 얻어맞은 기분이 들 때 | 1. 후임이 논리적으로 따질 때<br>2. 말도 안 되는 소원수리가 나올 때<br>3. 후임이 실수했을 때 덮어줘도 되는데 퍼뜨려서 큰 일을 만들 때<br>4. 충성을 다했는데 냉대받을 때<br>5. 쓸데없는 교육에 집합시킬 때 |

② 우리는 ____작업 환경을 좋아한다

| ST | SF |
|---|---|
| 1. 작업시 작업도구가 잘 갖추어졌을 때<br>2. 상점을 많이 주는<br>3. 즐겁고 쾌적한<br>4. 모르면서 아는 척 하는 사람이 없는 | 1. 서로 얘기하며 웃을 수 있는<br>2. 작업 끝나고 부식이나 상점이 나오는<br>3. 사람이 많은(민간인을 많이 볼 수 있는)<br>4. 깨끗하고 억지로 시키지 않는 |
| **NT** | **NF** |
| 1. 시간에 쫓기지 않는<br>2. 후딱 끝내고 쉴 수 있는<br>3. 되도록 힘이 안 드는 | 1. 작업시간과 휴식시간이 정해진<br>2. 노력과 성과를 인정받는<br>3. 최신 유행분위기가 물씬 풍기는<br>4. 포상이나 부식이 많은 |

③ 우리는 ____사람을 좋아한다.

| ST | SF |
|---|---|
| 1. 아부를 떨지 않는<br>2. 약속을 잘 지키는<br>3. 잘 난 척하지 않는<br>4. 돈 많고 통이 큰 사람 | 1. PX를 많이 데려가는<br>2. 사병의 의견을 수용하고 존중하는<br>3. 작은 장난이라도 치며 함께 웃을 수 있는<br>4. 화끈하고 재미있는 |
| **NT** | **NF** |
| 1. 예쁘고 재미있는<br>2. 지적 호기심과 탐구심이 많은<br>3. 논리적으로 맥이 잘 통하는<br>4. 내말을 잘 듣고 통하는 | 1. 이해심많고 배려할 줄 아는<br>2. 융통성있고 센스있는<br>3. 힘들어도 꿈과 희망을 갖고 이겨내며 유머있는<br>4. 튀지 않고 교양있는 |

# Ⅷ. MBTI의 유형별 군생활

| ISTJ | ISFJ | INFJ | INTJ |
|---|---|---|---|
| • 비상훈련시 허둥대지 않고 과거의 훈련에 비추어 침착하게 훈련에 임한다<br>• 화생방 훈련시 고통스러움에도 불구하고 꿋꿋이 상황에 대처한다.<br>• 작업이나 기타 근무에 관한 모든 것을 철저히 준비한다.<br>• 내무 생활에 있어서 관물정돈이 확실하고 깔끔하다.<br>• PT체조시 혼자만 수통에 물을 가득 채워왔다.<br>• 훈련종료시 자기자리는 말끔히 치웠다.<br>• 작업집합시 열외없이 시간 내에 집합한다.<br>• 뽑은 잡초의 절반 가량은 이들이 뽑은 것이다.<br>• 자기에게 시킨 일은 한자리에 앉아 끝까지 마무리 짓는다.<br>• 작업 도구를 집접 챙기고 작업전 항상 장비를 점검한다.<br>• 철두철미, 집중적, 책임감, 보수적, 청소부, 개미와 일벌, 신임지휘관 | • 우왕좌왕하는 후임병들을 지도하는 역할을 한다.<br>• 작업 중 쉬는 시간에는 다른 이의 음료수를 먼저 챙겨준다.<br>• 먼저 남에게 작업도구를 챙길 것을 권하지 않고 자신이 마지막까지 남아 작업도구를 원 위치 시킨다.<br>• 내무실의 궂은 일은 자신이 도맡아 한다.<br>• 식사추진시 솔선수범하여 배식을 한다.(유격)<br>• 자신이 고참이라도 후이병의 감정과 사정을 고려하여 같이 작업을 한다.<br>• 축구를 할 때, 부상을 염려하여 몸싸움은 피하지만 자신의 팀 승리를 위해 열심히 뛰어 다니다.<br>• 작업시에는 친한 사람과 일하기를 좋아한다.<br>• 천사표, 차분함, 친근함, 책임감, 헌신적, 간호사, 사회사업가 | • 작업 중 다른 생각을 하다보니 남보다 작업량이 적다<br>• 화생방 훈련시 짧은 시간동안에도 어떻게 하면 조금이라도 가스를 덜 마실 수 있을까 생각한다.<br>• 휴식시간에 담배를 피우며 바닥에 뭔가를 그리고 깊은 사색에 빠진다.<br>• 취사장에서 자신의 일보다는 자기의 관심사에 대한 여러 가지 생각을 하다 손을 베는 경우도 있다.<br>• 내무실에서 말다툼이 일어나면 중간에서 중재자 역할을 맡아 서로 화해할 수 있도록 유도한다.<br>• 내무실에서 사고가 발생하면 신속하게 보고하고 대처하기 보다는 차후의 발생할 결과(상관의 의도, 사고자의 입장)를 생각하며 요모조모 따져본다.<br>• 창의적, 동정적, 예언자형, 열정적, 아인슈타인, 지나치면 정신병?) | • 훈련에 대한 전반적인 내용을 정확하게 숙지하고 있다.<br>• 화생방 훈련시 참지 못하고 뛰어나가는 동료를 필사적으로 막는다.<br>• 작업시 잡초제거는 뿌리 끝까지 뽑아내어 다시는 자라날 수 없도록 뿌리까지 제거한다.<br>• 분대장급 이상 지휘관일 경우 자신의 판단을 중시하고 분대원들이 모두 따라주기를 원한다.<br>• 훈련이나 작업시 규정에 어긋남이 없이 완벽을 원한다.<br>• 행군시 잦은 휴식에 비효율적이라고 투덜댄다.<br>• 자기가 하는 일에 깊이 몰두하는 성격이다.<br>• 남의 말에 귀를 기울이기보다는 자신의 판단에 따라 결정하기 쉽다.<br>• 과학자, 선생님, 독창적, 깔끔한 귀공자, 독불장군, 투덜이, 사리판단형 |

| ISTP | ISFP | INFP | INTP |
|---|---|---|---|
| • 초소투입시 다른 사람에게 야전 전화기를 맡기지 않고 본인이 직접 설치한다.<br>• 삽과 낫을 다루는 솜씨가 남들보다 탁월하다.<br>• 다른 사람에게 작업도구 사용법을 가르켜 준다.<br>• 훈련시 통신장비를 사용하는 역할이 적성에 맡는다.<br>• 운동기구가 고장이 나면 뛰어난 손재주로 해결한다.<br>• P.X 이용시 최소한의 돈을 쓰려고 아낀다.<br>• 자기와 상관없는 일이라면 쓸데없이 시간과 힘을 낭비하지 않는다.<br>• 무슨 일을 성취해 놓은 후 남들에게 알리기 보다는 자신만이 흐뭇해하고 만족한다.<br>• 우천시 비가 새는 자신의 텐트를 나서서 비닐을 씌운다.<br>• 조용함, 맥가이버, 기술자, 이기주의자. 현실주의자. 융통적 | • 내무실 회의시 자기의견과 대립되는 의견이 나왔을 때 대체적으로 상대방의 의견을 따라준다.<br>• 평소에 얘기도 안하던 동료와 작업할 때 함께 고생하면서 마음의 문을 열고 친해진다.<br>• 부대에서 포상휴가를 받아 주위로부터 칭찬을 받아도 항상 겸손하게 받아들이고 다른 동료에게 미안해 한다.<br>• 후임병에게 화를 잘 안내고 늘 친절이 가르쳐 준다.<br>• 힘들어 하는 동료를 조용히 격려하며 마음 속으로 진심으로 함께 아파한다.<br>• 후임병으로써 고참들과 마음를 확 트고 이야기를 잘 하지 못한다.<br>• 성인군자형, 겸손, 젠틀맨, 솜사탕, 느림보천사, 순종적인 어머니상 | • 지시받은 일을 잘 하려고 주변상황에 민감하면서도 상처를 가끔 받는다.<br>• 자신으 잘못으로 사고가 나면 책임지려고 노력한다.<br>• 유격훈련시 조교의 밉살맞은 행위에도 참고 훈련하지만 마음이 불편하다.<br>• 소외된 분대원에 대해 신경을 많이 쓴다.<br>• 작업에 있어서 호.불호의 차이가 많다.<br>• 엉뚱한 생각을 가끔 하면서 실천하는데 느린 편이다.<br>• 말없고 조용하나 마음이 깊고 따뜻하다.<br>• 잔다르크, 사회사업가, 헌신적 군종병이나 위생병 | • 작업능률을 올릴 수 있는 방법을 제시한다.<br>• 훈련이 끝나면 미흡했던 점이 무엇인지 세밀히 분석한다.<br>• 지나치게 다른 전우의 실수를 들추어 미움을 받기도 한다.<br>• 훈련장 숙영지 편성시 텐트를 가장 효율적으로 친다.<br>• 유격장에서 밤에 달무리를 보며 내일 비가 와서 훈련이 없을지 모른다며 좋아하기도 한다.<br>• 일의 결과가 안 좋을 때 어디서 부타 잘못되었는지 따져서 원인을 찾아내고야 만다.<br>• 디른 사람이 청소한 곳을 살펴보고 잘못된 곳을 지적한다.<br>• 자신보다 고참이라도 잘못된 것이 있으면 그냥 넘어가지 않고 지적한다.<br>• 자유시간에 다같이 하는 운동경기보다는 혼자서 책읽는 것을 좋아한다.<br>• 논리적, 아이디어뱅크, 만물박사, 교수, 따로국밥, 자기판단적, 눈치가 없는 |

| ESTP | ESFP | ENFP | ENTP |
|---|---|---|---|
| • 체육집합시 가장 먼저 나와 몸풀기를 한다.<br>• 유격훈련시 뛰어난 몸동작을 선보여 다른 사람에게 시범을 보인다.<br>• 혼자 운동경기를 보는 것을 싫어하며 여러 사람과 함께 응원하며 경기 관람하는 것을 좋아한다.<br>• 순발력이 뛰어나 누구의 질책성 질문에도 능숙하게 대처한다.<br>• 힘든 작업이 있으면 서로 화합하여 방법을 찾고 해결하다가 안되면 일을 저지른다(시한폭탄)<br>• 현실적 감각을 살려 내무실과 모든 환경을 예쁘게 꾸민다.<br>• 미래의 일보다 현실의 일에 즐거워하며 활동적이다.<br>• 궂은 일을 보면 손쉽게 할 수 있는 방향으로 선택한다.<br>• 축구를 하다 넘어져도 아프지 않고 축구 그 자체가 즐거울 뿐이다.<br>• 활동가, 모험가, 연예인, 천방지축 덜렁이, 현실주의자, 재주꾼, 자극시 행동파 | • 작업장의 지치고 처진 분위기를 웃음으로 풀어준다.<br>• 후임병들에게 친절하게 대하여 후임병들이 그를 좋아한다.<br>• 내무실 회의시 가장 많은 의견을 제시한다. 그러나 그 많은 의견 중 반 이상은 실천하지 못하는 경우가 많다.<br>• 지루한 청소를 재미있게 하기 위해 분위기를 조성하나 일 마무리가 좋지 못하다.<br>• 내무실의 오락 담당은 항상 그의 몫이다.<br>• 장기자랑이나 부대 회식 때 분위기를 띄운다.<br>• 훈련 내내 수다스러울 정도로 동료들과 잡담한다.<br>• 그가 옆에 있으면 아무리 힘든 일이라도 즐겁다.<br>• 훈련이나 회식 때 뒷정리를 하지 않아 주위로부터 따가운 시선을 받는 경우가 많다.<br>• 주위에는 항상 친구들이 많다.<br>• 사교와 명랑, 개방과 재주, 멋쟁이 덜렁이, 꾀돌이 먹보, 수다맨 | • 화생방 훈련시 요령있게 호흡하는 방법을 터득한다.<br>• 기존의 방식보다는 새로운 것을 추구하려 한다.<br>• 일직 사관이 취하는 일상점호에는 관심이 없다. 그러나 테마별 점호에는 항상 리더로서 진행한다.<br>• 작업시 잡초를 뽑다 금방 싫증을 느껴 다른 작업을 찾으러 이동한다.<br>• 성.후임병 모두가 좋아하고 그 속에서 일어나는 갈등을 원만히 해결한다.<br>• 여러 명의 친구를 알고 지내지만 진실한 친구는 거의 없다.<br>• 반복것인 일상적인 생활보다는 늘 다른 일을 찾아 스스로 즐거워하며 항상 활기가 넘친다.<br>• 힘든 일을 마친 뒤에도 피곤하고 힘든 기색이 보이지 않는다.<br>• 돌출형, 스파크형, 야생마, 카멜레온, 변덕쟁이, 럭비공 | • 자신에게 주어진 작업만큼은 완벽하게 소화하지만 반복되는 작업은 허술하다.<br>• 청소요령을 정확히 알고 있고 자신이 알고 있는 요령에 근거하여 청소를 진행한다.'<br>• 교육집합시 자신의 관심분야라면 능동적이고 적극적으로 참여하여 분석하고 사고한다. 그러나 미관심분애에는 흥미를 가지지 못한다.<br>• 일상적인 근무형태에는 지루함을 느끼고 싫증내지만 자신만의 독특한 근무형태를 개발하여 근무시간 동안 지루함없이 시간을 보낸대.<br>• 동료들이 풀기 어려운 문제를 논리와 분석으로 해결해 내기 때문에 어려운 문제에 처했을 때 동료들이 그를 찾아온다.<br>• 과학자. 문제해결사, 정신과 의사, 비평자, 돌출적 발명가, 분석가 |

| ESTJ | ESFJ | ENFJ | ENTJ |
|---|---|---|---|
| • 작업을 어떻게 해야 하는지 생각해 본다.<br>• 청소 인원이 적을 때 효율적으로 분담시켜 정리한다.<br>• 훈련 중에 파이팅을 외쳐 동료들에게 힘을 주는 지도력있는 모습을 보여준다.<br>• 작업이나 훈련을 할 때 남들에게 시범을 보여주는 것을 좋아한다.<br>• 자기 표현이 강해 다른 사람들과 의견대립이 있는 경우가 있다.<br>• 모든 일의 끝을 본다.<br>• 축구시합 전 몸풀기 운동을 하며 자기 실력을 맘껏 뽐내 상대방의 기를 죽게 한다.<br>• 운동경기 주장을 맡으면 항상 만형처럼 팀원을 격려해준다.<br>• 끊고 맺음이 분명해 일하는 시간과 쉬는 시간을 정확히 구분한다.<br>• 체계적 지도자, 정치가, 내무반 대장. 우두머리 | • 자신의 청소구역을 다 하였어도 다른 구역 청소가 끝나지 않았으면 같이 도와준다.<br>• 훈련 종료후 정리정돈의 확실한 면모를 보여준다.<br>• 작업시 작업량이 부족한 동료에게 자신의 것을 더해준다.<br>• 잘못된 일을 보았을 시 그리 큰 일이 아니라면 그냥 눈감아 준다.<br>• 대인관계의 폭이 넓다.<br>• 인간성이 좋아 전 부대원에게 호감을 주며 간혹 자신의 것을 챙기지 못할 때도 있다.<br>• 자신이 지시한 일을 후임병이 실시하지 않았을 경우 질책을 하지는 않는 편이나 본인이 마음의 상처를 받고 끙하기도 한다.<br>• 자선사업가. 친선도모형, 빨강머리 앤, 성직자, 홍길동 | • 후임병의 고충을 잘 들어준다.<br>• 동료들과 대화 중 현실에 대한 얘기보다는 미래에 대한 얘기를 자주 나눈다.<br>• 분대장인 경우 분대원 한사람 한사람의 얘기를 잘 들어준다.<br>• 힘든 청소를 맡아서 잘 하지만 주로 지시에 의존하려는 성향을 가지고 있다.<br>• 훈련이 끝나기 전에 훈련이 끝나면 어떻게 정리 할지를 미리 걱정한다.<br>• 내무실이 어수선하면 후임병들에게 청소를 해야되는 이유를 정확히 설명을 해주고 후임병들과 같이 청소한다.<br>• 작업 후 장비 수거 및 뒷정리를 한다.<br>• 고충처리반 직원, 상담원, 알부남 격오지 모범 분대장, 돌격대장 | • 간혹 직설적인 표현으로 인해 사람을 무안하게 만들기도 한다.<br>• 분대원들에게 축구시합의 중요성을 인식시키고 경기 내내 감독이 되어 지휘한다. 기회를 놓치면 상당한 문책으로 자신의 임무를 각인시킨다.<br>• 훈련시 훈련 진행에 중심이 되면 분대원들을 효율적으로 지시한다.<br>• 작업이나 훈련을 할 때 업무분담을 철저히 하고 지도력이 강하다.<br>• 장기자랑이나 기타 활동시간에 큰 두각을 나타낸다.<br>• 요령을 피우는 동료를 하나하나 간섭한다.<br>• 모든 훈련이나 작업에 앞장선다. 때로는 지나친 잔소리가 문제가 되기도 한다.<br>• 지도자형 감독, 시어머니, 뛰어난 통솔력, 원칙적 독불장군 |

# Ⅸ. MBTI 교육 장병 소감문

일병 홍길동

처음 MBTI를 시작할 때는 단순한 호기심으로 시작했는데 답안지를 작성하고 그 결과를 본 후 놀라지 않을 수 없었다. '어떻게 이렇게 똑같을 수가!' 프로파일에 나와있는 유형별로 나누어져 있는 성격에는 나에게 속하는 ENFP타입이 평소 내가 생각했던 내 성격과 거의 일치하는 것이다. 그 뿐만 아니라 유형별로 조를 나누어서 이야기를 하며 서로의 의견을 주고받을 때도 같이 모인 인원들의 의견이 비슷비슷했고 다른 조에서 나온 의견과는 전혀 달랐었다. 인상깊었던 것은 같은 조원끼리 얘기를 나눌 때 나와 의견이 비슷하니까 괜히 기분이 좋았고 내 의견에 힘이 더 실리는 것 같았다. 한편으로는 이렇게 생각해 보았다. '다른 조원들은 나와 생각이 정 반대일 수도 있겠구나!' 실제로 다른 조에서 발표한 의견들은 하나같이 나와 우리 조원들과 생각이 달랐다. 이번 기회로 사람마다 타고난 성격이 천차만별이라는 것을 다시 한 번 알게 되었고 나와 비슷한 성격의 소유자들도 있는 것을 다시 알게 되었다. 때문에 나와 생각이 다르다고 내 생각만 옳다고 주장했던 것이 얼마나 어리석었는지를 깨닫게 되었다. 이것을 통해서 자기자신의 미약한 부분도 알 수 있게 되어서 후천적인 노력을 통해서 보완해 나가야겠다고 생각했으며 이것이 더 폭넓게 사용되어서 널리 알려져 우리 생활에 유용하게 사용되었으면 좋겠다고 생각했다. 이 짧은 시간을 통해 나 자신을 다시 한번 알 수 있었고 다른 사람들의 생각도 조금이나마 알 수 있어서 좋은 시간이 되었다.

일병 김치국

딱딱할 주 만 알았던 강의 내용 역시 지루하지 않고 재미있었습니다. 뜻깊었던 것은 모두의 계급과 지위와 권력을 모두 떨쳐버리고 간부와 사병이 하나가 되고 군인과 민간인이 하나가 되어 털어놓고 의견을 토론하고 해결책을 찾는 소중한 화합의 시간이 되었다는 것입니다 전체적으로 이번 강의는 제 인생의 전환점이 되어버릴지도 모를 만큼 제게 큰 영향을 준 것만은 확실합니다. 너무너무 감사드립니다

상병 구봉서

오늘 교육을 받고 난 후 가장 인상깊게 가슴에 남았던 것은 '와' 군대에서도 이런

좋은 기회를 가질 수 있구나! 하는 감동이었다. 무엇보다도 가장 좋았던 것은 서로의 의견 조합을 통해 자기의 잘못된 점과 몰랐던 자기의 성격을 객관적으로 파악할 수 있었고 잘못된 점은 개선할 수 있는 좋은 계기가 되었다는 것입니다. 더 나아가 이런 교육으로 인해 모든 부대원들이 좀 더 군생활에 적응할 수 있는 좋은 기회였던 것 같습니다.

**상병 이몽룡**

MBTI검사를 통해 그래도 가장 비슷한 자신의 성격을 파악할 수 있다는 것은 개인적으로나 동료들에게도 좋은 영향을 주었으리라 믿어 의심치 않습니다. 서로의 성격유형을 잘 알고 서로를 대하면 나는 느끼지 못하지만 불쾌감을 주는 행위나 의사소통의 단절을 줄일 수 있기 때문입니다. 스스로 자신의 성격을 진단해 볼 수 있고 다른 사람의 성격파악에도 도움이 되어 보다 원활한 상호관계를 맺는데 좋은 검사였습니다.

**상병 박문수**

아무리 성격이 좋은 사람이라고 해도 모두 다 열등기능을 가지고 있는 만큼 어떠한 의견 충돌이 있을 때 나만의 잣대로만 판단할 게 아니라 먼저 상대방을 생각하고 상대방을 이해해야겠다는 것이 오늘 얻은 가장 큰 성과인 것 같다.

**상병 김판사**

"항상 고참병이 문제라고 생각하면서 도저히 이해할 수 없다고 생각하였는데 내게도 문제 가 있음을 알게 되었고, 고참병이 왜 그랬는지를 이해할 수 있게 되니 문제가 해결되고 시원하였다."

# Ⅹ. 국방일보 기고(예정문)

## 1) 사고 예방과 대인관계 개선을 위한 MBTI의 활용

**<1회기>**

서 문

2002년 7월, 우리가 일익을 담당해야 할 금년도 국가적 4대 행사 중 두 가지 행사가 잘 끝났고 이제는 2002년도 후반기를 남겨놓았다.

특히, 전 세계적인 행사였던 "2002 한 일 월드컵"이 국민들의 전폭적이고도 열광적인 호응과 지지속에 '세계4강'이라는 큰 선물과 함께 무사히 성공적으로 치러지고, 잇는 그 여세를 몰아 모든 분야에서 세계 4강을 위해 노력해야 할 때가 되었다.

그러나 모든 구구민이 축구로 하나되어 함께 기뻐했던 그 기간에도 끊임없이 발생했던 군내에서의 군무이탈, 자살, 폭행 등의 사건, 사고사례들을 접하면서 함께 군생활을 하고 있는 우리들로서는 안타까운 마음을 금할 수 없다. 더구나 금년에는 예년과 달리 5월, 6월 두 달간을 사고 격감을 위해 전군이 다같이 노력을 했었는데도 말이다. 물론 해마다 이러한 각종사고는 감소하고 있는 추세이기는 하지만, 아직도 우리들의 노력에 비해서는 월들히 많은 장병들이 이러한 사고로 인해 잘못되거나 심지어 꽃다운 나이에 목숨을 잃고 있는 현실을 감안할 때, 이러한 사건과 사고 발생의 강력한 억제 및 재발 방지는, 우리 모두가 심도 있게 함께 풀어가야 할 숙제라고 생각한다. 사실 그 동안 군대내의 사건, 사고에 대한 상급부대나 상급자들의 대처 방식은 주로 '하지 마라', '해서는 안된다'는 획일적이고도 다소 강압적인 통제로 부하들을 강제했던 방식이 대부분이였다는 것을 일정부분은 인정해야 할 것이다.

최근 우리 군은 과거 창군초는 물론이고 근년에 비해 물자, 장비, 시설 면에서 눈부시게 발전하고 있다. 뿐만 아니라 '새로운 육군 문화 정립'이라는 슬로건 아래 신세대 장병들의 기호에 맞는 군대 문화를 만들어 정착시켜 가고 있다. 이러한 군의 긍정적인 변화에도 불구하고 매년 군무이탈, 폭행, 자살등의 아쉬운 사고는 지속적으로 발생되고 있다.

대인관계로 인한 것이 주원인인 이러한 사고들을 분석해보면, 최근 5개년 육군의 한 해 평균 발생 사고가 군무이탈 1207건, 폭행사고 1894건, 자살사고 74건이다. 군대가 하루가 다르게 변해가고 좋아지고 있는데도 불구하고 사고는 계속해서 발생되고 있으니, 그 원인을 찾아 보다 논리적·과학적이고 또 다른 면에서의 기술적인 대처방법을 모색해 사고예방 활동에 기여해야 할 때라고 생각한다.

주지하고 있듯이 군대의 주 구성원들은 20년 이상을 서로 다른 환경 속에서 살아온 신세대 젊은이들이 법적인 제도에 의해 의무적으로 집단화되어 복무하도록 만들어진 일시적이고 폐쇄적인 특수한 환경의 조직이다. 이런 조직 속에서의 생활은 젊은이들로 하여금 입대 전과 다른 환경 변화로 인해 개인적인 가치 기준의 혼란이 올 수도 있고, 또한 조직구성원들 상호간의 마찰로 인해 물리적인 어려움을 초래하기도 한다. 이런 현상은 개성이 뚜렷한 신세대 장병들에게 개인 내적, 외적인 문제를 갖게 하고, 이는 갈등이나 사고로 곧바로 이어지기도 한다.

군에서 발생하는 사고는 여러 가지의 유형으로 나눌 수 있고 그 원인도 매우 다양하다. 그러나 여러 가지 유형의 사고 중에서 앞에서 예를 들면 군무이탈, 폭행, 자살사고의 원인을 분석한 결과, 이러한 사고는 전형적으로 주변 조직원들 사이에 갈등에서 비롯되는 경우가 많다.

우리가 흔히 말하는 갈등이란 칡 갈(葛)자와 등나무 등(藤)자로 이루어진 합성어이고, 칡덩쿨과 등나문 넝쿨이라는 뜻으로서, 사물이 복잡하게 뒤얽힌다는 것을 말한다. 칡과 등나무는 각기 시계방향과 시계반대 방향으로 그 줄기가 뻗어나가는 성향(본태성 성격)이 있어서 칡과 등나무를 같이 두면 복잡하게 얽히면 다시 풀어내기가 어렵듯이 인간관계에서의 '갈등'도 쉽게 해결하기란 매우 어렵다. 특히 군대에서는 제반 갈등요소가 너무나 많다. 성년이 되도록 각기 서로 다른 환경에서 살아왔고, 따라서 서로 다른 생각을 하며 살아온 사람들이 함께 모여 생활해 나가는 곳이니 당연히 갈등요소가 많을 수 밖에 없다.

이러한 논리에 따라 군 조직 내에서 구성원들과의 '갈등의 원인'을 파악하고 제거할 수만 있다면 상대적으로 사고는 대폭 줄어들 수 있을 것이다. 특히 이러한 것에 초점을 맞춘 인간관계를 서로 이해할 수 있는 인성교육이나 프로그램이 제공된다면 조직구성원들 사이에서 일어나는 갈등은 많이 해소될 것이고, 갈등이 줄어든다면 상대적으로 사고도 역시 줄어들 수 밖에 없을 것이다. 또한 개인적인 측면에서 2년여 동안의 복무기간의 시간이 인생의 정지된 시간이 아니라, 자신을 성숙시키는 값진 시간으로 삶의 질을 향상시키는 기초를 마련하는 기회를 가질 수 있는 것이다.

'知彼知己 百戰百勝'이란 말을 대인관계에 대입해 보면 인간관계에서도 자신을 알면 다른 사람과도 잘 지낼 수 있어 대인관계가 원만해지므로 갈등도 적어질 것이다. 이렇듯 자신을 잘 이해하고 주변 타인 또한 이해할 수 있는 좋은 검사나 프로그램으로 군 조직에서의 갈등을 해소하면서 사고를 예방 할 수 있고 나아가 자신의 발전을 가져올 수 있는 방법이 있다면 적극 권장해야 하겠다. 이러한 노력의 일환으로 소개하려고 하는 것이 바로 ' MBTI 성격 유형 검사'이다.

지금부터 소개하려고 하는 'MBTI 기법'이 우리 군의 사고 줄이기에 많은 도움이 될 수 있기를 기대하며, 지금부터 'MBTI'라는 것이 어떤 것이고, 어떻게 활용하여 사고 예방 및 개인 발전에 도움을 줄 수 있는지에 대해 몇 회에 걸쳐 소개하고자 한다.

**<2회기>**

MBTI란?

먼저 MBTI란 어떤것인지 소개부터 하는 것이 순서일 것 같다. MBTI 에 대해 대략적인 소개를 하자면 MBTI(Myers-Briggs Type Indicator)란 근대 심리학의 대가로 불리우는 스위스의 심리학자 칼-융의 심리유형이론을 근거로 하여 메이어스와 브릭스가 1941년이래 계속적으로 연구하고 경험적으로 검증하여 실생활에 이용하기 위해 만들어진 검사 도구이다. 이런 성격유형검사가 어떻게 갈등을 해결할 수 있으며 나아가 군 조직내사고 격감에 기여할 수 있는지 의문을 갖는 것이 당연하다. 하지만 MBTI가 어떤 것인지 직접 접해본다면 그러한 의문을 깨끗하게 풀릴 것이다.

한가지 예를 들어 당신에게 있어 사과와 배중 어떤 과일이 더 좋은 과일인가?하고 물어본다면 누구나 이러한 질문에 잠깐동안 당황할 것이다. 왜냐하면 두 과일은 그 나름대로의 각기 독특한 빛깔과 맛과 향이 있는데 이 것을 가지고 좋고 나쁨을 나눌 수는 없기 때문이다. 사람의 경우도 마찬가지이다. 사람의 성격에는 제 각기 자기만의 독특한 개성이 있는데 그것을 가지고 어떤 것이 좋고 나쁘다라고 무조건적으로 규정지울 수는 없으며 규정지어서도 안된다. 즉 사람의 성격을 유형별로 나눔으로써 나와 남의 성격이 다르고 "틀린" "나쁜" 성격이 아니라 단지 나와 "다른" 성격임을 인정하고 이해할 수 있게 하여 대인관계에서 발생할 수 있는 갈등 요인을 줄이고, 더 나은 인간관계를 맺을 수 있도록 도와주는 것이 MBTI 성격 유형 검사의 가장 중요한 목적이다.

이 검사는 사람들이 가지고 있는 성격상의 차이를 미리 예견하여 보다 건설적으로 대처할 수 있게 해주는 장점이 있다. 간단히 말해 이 이론에 의하면 사람마다 행동의 차이가 있는데, 이 차이가 우연하게 일어나는 것이 아니라 우리가 관찰 할 수 있는 몇 가지 기본적인 그 개인이 선호하는 경향 때문에 일어난다는 것이다.

MBTI유형은 4가지 선호지표로 크게 이루어져 있다. 4가지 선호지표란 우리가 활동에 필요한 에너지를 어디에서 얻게 되는가에 따라 외향성(Extraversion), 내향성(Introversion)의 E-I지표, 우리가 주변의 환경으로부터 어떻게 정보를 수집하고 인식하는가에 따라 감각형(sensing), 직관형(intuition)의 S-N지표, 우리가 수집한 정보를 어떻게 판단하고 처리하는가에 따른 사고형 (Think), 감정형(Feeling)의 T-F지표, 그리고 우리가 인식하고 판단하는 것이 생활양식에서는 어떻게 나타나는가에 따라 판단형(judging),인식형(perceiving)의 J-P지표이다. 이 4가지 선호지표의 특성은 다음과 같다.

| 지표 | 선호경향 | 주요활동 |
|---|---|---|
| (E)외향성-내향성(I) | 에너지의 방향은 어느 쪽인가? | 주의초점 |
| (S)감각형-직관형(N) | 무엇을 인식하는가? | 인식기능 |
| (T)사고형-감정형(F) | 어떻게 결정할 것인가? | 판단기능 |
| (J)판단형-인식형(P) | 채택하는 생활양식은 무엇인가? | 생활양식 |

| 외향성(extraversion) | 내향성(introversion) |
|---|---|
| • 폭넓은 대인관계를 유지하며 사교적이고 정열적이고 활동적이다<br>• 자기 외부에 주의 집중<br>• 외부 활동과 적극성<br>• 정열적, 활동적<br>• 말로 표현<br>• 경험한 다음에 이해<br>• 쉽게 알려짐 | • 깊이 있는 대인관계를 유지하며 조용하고 신중하며 이해한 다음에 경험한다.<br>• 자기매부에 주의집중<br>• 집중력<br>• 조용하고 신중<br>• 글로 표현<br>• 이해한 다음에 경험<br>• 서서히 알려짐 |
| **감각형(Sensing)** | **직관형(intuition)** |
| • 오감에 의존하고 실제의 경험을 중시하며 지금, 현재에 초점을 맞추고 정확하고 철저하게 일을 처리한다.<br>• 지금, 현재의 초점<br>• 실제의 경험<br>• 정확, 철저한 일처리<br>• 사실적 사건 묘사<br>• 나무를 보는 경향<br>• 가꾸고 추수함 | • 육감 내지 영감에 의존하며 미래지향적이고 가능성과 의미를 추구하며 신속, 비약적으로 일을 처리한다.<br>• 미래 가능성에 초점<br>• 아이디어<br>• 신속, 비약적인 일처리<br>• 비유적, 암시적 묘사<br>• 숲을 보려는 경향<br>• 씨뿌림 |

| 사고형(Thinking) | 감정형(Feeling) |
| --- | --- |
| • 진실과 사실에 관심을 갖고 논리적이고 분석적이며 객관적으로 판단한다. | • 사람과의 관계에 주관심을 갖고 상황적이고 포괄적이며 정상을 참작한 설명을 한다. |
| • 진실, 사실에 주관심 | • 사람, 관계에 주관심 |
| • 원리와 원칙 중시 | • 의미와 영향 |
| • 논리적, 분석적 | • 상황적, 포괄적 |
| • 맞다와 틀리다 | • 좋다와 나쁘다 |
| • 규범, 기준의 중시 | • 나에게 주는 의미 중시 |
| • 지적 논평 | • 우호적 협조 |
| 판단형(Judging) | 인식형(Perceiving) |
| • 분명한 목적과 방향이 있으며 기한을 엄수하고 철저히 사전계획하고 체계적이다. | • 목적과 방향은 변화가능하고 상황에 따라 일정이 달라지며 자율적이고 융통성이 있다. |
| • 정리정돈과 계획 | • 상황에 맞추는 개방형 |
| • 의지적 추진 | • 이해로 수용 |
| • 신속한 결론 | • 유유자적한 과정 |
| • 통제와 조정 | • 융통과 적응 |
| • 분명한 목적의식과 방향감각 | • 목적과 방향변화의 개방성 |
| • 뚜렷한 자기의사 | • 재량에 따라 처리 가능한 포용성 |

이러한 8가지 성향을 보다 세부적으로 설명하면 아래 도표와 같다.

이 지표에 나온 이 8가지 성향은 누구나 다 가지고 있는 것이며, 이 8가지 성향중 둘 중 하나씩을 선택하여 자기 자신의 4가지 선호지표를 만들어 가지는 것이다. 물론 그 어떤 쪽을 선호하고 있어도 좋고 나쁨이라는 것은 있을 수 없다. 물론 그 어떤 쪽을 선호하고 있어도 좋고 나쁨이라는 것은 있을 수 없다. 즉 사과와 배 중 어떤 것이 더 좋은 과일인지 판단할 수 없듯이, 각각 가지고 있고 개성있는 독특한 성격 유형 일뿐 좋고 나쁨의 판단 기준은 결코 될 수 없다. MBTI 성격 유형은 이것들의 조합을 통해 사람들의 성격을 16가지 유형으로 구분하게 되는데 이 16가지의 성격 유형에 대해서 자세히 설명하면 다음과 같다.

**<3회기>**

MBTI의 16가지 성격유형

이 세상에는 다양한 민족과 무려 45억이 넘는 사람들이 살고 있다. 이렇게 많은 사람들을 몇 개의 유형으로 나누는 것은 무리가 있는지도 모르지만 히포크라테스, 아이젱크, 이제마 같은 학자들은 사람들은 자신의 연구한 기준에 따라 사람을 4가지-8가지유형으로 구분하였다. 그러나 MBTI검사에서는 개인별 4가지 선호지표를 조합시켜 16가지 성격유형으로 구분하였다. 주의할 점은 선호경향성을 알아보는 검사이지만 이것이 진정 타고난 성격 유형이라고 단언하기는 어렵다. 왜냐하면 사람이 태어난 후 서로 다른 문화와 가치관, 다른 교육환경과 제도 등 각종 다른 방식 속에서 자라난 수많은 개개인을 정해진 16가지의 틀 속에 집어넣는다는 것은 무리가 따르는 일이기 때문이다. 하지만 그 개개인이 '어떻게 삶의 에너지를 얻고, 정보를 수집/인식하며 판단/결정해서 생활 속에 나타내는가'라는 기준을 크게 적용해 본다면 MBTI가 제시하고 있는 16가지의 성격 유형에 부합되는 점이 많을 것이다. 예를 들면 외향에서 에너지를 얻고 감각적으로 정보를 인식하녀 주관적 기준에 의해 결정하고 생활 속에서 판단 결정하는 것을 선호라는 사람이라면 E, S, T, J로 나타날 수 있고, 그런 유형들은 서로 비슷한 공통점을 갖고 있다/ 이와 같은 각 개인이 가지고 있는 선호지표에 의한 16가지 유형들의 특징을 살펴보면 다음과 같다.

| ISTJ<br>내향성 감각형<br><br>신중하고 조용하며 집중력이 강하고 매사에 청저하며 사리분별력이 뛰어나다 | ISFJ<br>내향성 감각형<br><br>조용하고 차분하며 친근하고 책임감이 있으며 헌신적이다 | INFJ<br>내향성 직관형<br><br>인내심이 많고 통찰력과 직관력이 뛰어나며 양심적이고 화합을 추구한다 | INTJ<br>내향성 직관형<br><br>사고가 독찾적이며 창의력과 비판 분석력이 뛰어나며 내적 신념이 강하다 |
|---|---|---|---|
| ISTP<br>내향성 사고형<br><br>조용하고 과묵하고 절제된 호기심으로 인생을 관찰하며 상황을 파악하는 데 민감하다 | ISFP<br>내향성 감정형<br><br>말없이 다정하며 온화하며 친절하고 연기력이 뛰어나며 겸손하다. | INFP<br>내향성 감정형<br><br>정열적이고 충실하며 목가적이고 낭만적이며 내적 신념이 강하다. | INTP<br>내향성 사고형<br><br>조용하고 과묵하고 논리와 분석으로 문제를 해결하기를 좋아한다 |

| STP<br>외향성 감각형 | ESFP<br>외향성 감각형 | ENFP<br>외향성 직관형 | ENTP<br>외향성 직관형 |
|---|---|---|---|
| 현실적인 문제해결에 능하며 적응력이 강하고 관용적이다. | 사교적이고 활동적이며 수용적이고 친절하며 낙천적이다. | 따뜻하고 정열적이고 활기에 넘치며 재능이 많고 상상력이 풍부하다. | 민첩하고 독창적이며 안목이 넓으며 다방면에 관심과 재능이 많다 |
| ESTJ<br>외향성 사고형 | ESFJ<br>외향성 감정형 | ENFJ<br>외향성 감정형 | ENTJ<br>외향성 사고형 |
| 구체적으로 현실적이며 사실적으로 활동을 조직화하고 주도해 나가는 지도력이 있다. | 마음이 따뜻하고 이야기하기를 좋아하고 양심이 바르고 인화를 잘 이룬다. | 따뜻하고 적극적이며 책임감이 강하고 풍부하고 동정심이 많다. | 열성이 많고 솔직하고 단호하며 지도력과 통솔력이 있다. |

참고로 우리나라의 경우 16가지 유형 중에서 가장 많이 나타나는 유형은 ISTJ 21.5%, ESTJ 14.2%, ISFJ 8.18%, ISTP 7.83% 순이며, 가장 적게 나타나는 유형은 ENFJ 1.84%, ENTP 2.18%, INFJ 2.4% 순이다. 이것은 우리나라가 처해있는 조건, 또 전해 내려오는 습관등 주위의 환경에 의해서 이러한 결과가 형성 되어온 것으로 학자들은 분석한다.

이러한 16가지의 성격은 생활의 장면에서도 서로 다른 특징을 보이기도 한다. 그러나 많은 가람들은 다른 사람들도 자기와 같은 방식으로 에너지를 얻고 정보를 수집하고 판단, 결정하여 생활양식에서 나타내는 것으로 생각(착각)한다. 즉, 나와 다른 사람의 차이를 인정하지 않는 것(더 정확히는 모르고 있는 것)이다. 따라서 나와 같이 행동하지 않으므로, 나와 같이 생각하지 않음으로, 나와 같은 결정을 하지 않음으로 나와 같은 생활양식이 아니므로 우리는 타인과 문제를 일으키거나 갈등을 겪기도 하는 것이다. 즉 '너는 왜 그 모양이냐?'는 식의 오해를 많이 하는 것이다.

인간은 사회적인 동물이며 환경에 적응해 가는 동물이다. 그러므로 누구나 적응할 수 있는 기본적인 능력은 있지만 타고난 성격과 자라온 환경에 따라 행동은 다르게 나타날 것이다. 레빈은 인간의 행동이 성격과 환경의 상호작용에 의해 이루어진다고 보았다. 따라서 군이라는 특수한 환경에서도 자신의 성격에 따라 타인을 이해하면서, 이에 맞추어 행동하면서, 또한 자신의 성격을 이해하고 개발할 수 있다면 이에 따른 행동 역시 발전적으로 달라질 수 있는 것이다.

성격의 좋고 나쁨이나 정신적인 질환이 있는지를 판별해내는 검사가 아닌 자신과 타인의 선호성향을 알아보는 대표적인 비진단 검사인 MBTI는 자신의 성격을 이해할 수 있고 타인도 이해할 수 있는 매우 좋은 검사이다. 이런 검사를 통해 서로를 알 수 있는 기회를 제공한다면 군 조직 속에서 생기는 갈등이나 문제들을 넉넉하게 바라보고 이해할 수 있는 마음의 여유가 생길 것이다. 이는 서로의 차이를 인정하는 계기를 만들어 주고 갈등의 원인을 깨닫게 하므로서 사고를 예방하는 실질적인 효과를 주게 된다. 아래 <표-1>은 각 유형의 성격 소유자가 같은 조건하에서 각기 다르게 내무 생활하는 것을 관찰해 본 연구결과이다.

<표-1 내무실에서의 각 유형별 행동>

| ISTJ | ISFJ | INFJ | INTJ |
|---|---|---|---|
| • 취침시간에 정확히 취침을 하고 기상시간에 정확히 기상한다.<br>• 선임병이 되어 가면서 예전에 선임병들의 행동을 고스란히 따라한다.<br>• 청소시간에 꼭하던 일을 멈추고 청소를 한다. | • 전임 온 신병에게 내무생활에 대해 꼼꼼히 알려준다.<br>• 휴일에 내무실 창문에 쌓인 먼지를 제거했다.<br>• 더운 여름날 내무실원들에게 아이스크림을 돌렸다. | • 독서에 열중하느라 선이병이 부르는 소리를 못들어 질책을 받았다.<br>• 분대장과 면담할 때 쉽사리 고민을 털어놓지 못한다.<br>• 늘 무언가 고민이 있는 듯한 모습으로 인해 주변에서 염려한다. | • 내무실에서 후임병들이 할 일없이 시간 보내고 있으면 기만두지 않는다.<br>• 내무실에서 토론을 하면 항상 자신의 생각을 강력히 주장한다.<br>• 항상 자신의 생각대로만 행동하기 때문에 내무실에서 따돌림을 받을 가능성이 높다. |
| **ISTP** | **ISFP** | **INFP** | **INTP** |
| • 자신의 사물함이 망가져서 고쳤다.<br>• 내무실원들이 다투어도 말리지 않고 그냥 바라만 본다.<br>• 내무실원들끼리 토론하는 시간이 가장 괴로운 시간이다. | • 내무실에 감기환자를 정성껏 보살폈다.<br>• 후임병에게 심부름을 시키려다가 후임병이 자신을 어떻게 생각할 지 생각하다 그만둔다.<br>• 내무실에서 꽃을 키운다. | • 쉬는 시간에 조용히 책을 읽거나 편지를 쓴다.<br>• TV를 볼 때 꼭 다른 사람들에게 뭘 볼지 물어본다.<br>• 청소시간이 아닌데 삐뚤어진 모포를 보고 각을 잡았다. | • 학술잡지를 정기구독했다.<br>• 내무실원들과 대화하다가 자신을 지나치게 과시하여 거부감을 줄때도 있다.<br>• 내무실에서 주로 공부를 한다. |

| ESTP | ESFP | ENFP | ENTP |
|---|---|---|---|
| • TV로 운동경기를 보다가 흥분하여 내무실을 뛰어다녔다.<br>• 청소시간이면 은근슬쩍 빠져나가려다가 TJ에게 질책당한다.<br>• 특식이 나오면 가장 동작이 빠르다. | • 이사람이 없으면 내무실은 조용하다<br>• 내무실에 혼자 앉아있으면 심심해서 어찌할 줄 모른다.<br>• 자신의 사물함을 정리하다 흥미가 없어져서 그만 두었다. | • 내무실원들이 다투면 가장 먼저 달려들어 말린다.<br>• 책 읽다가 TV보다가 편지쓴다.<br>• 기상시간에 바로 안 일어난다(3분의 비몽사몽 노곤함을 즐기다 집합 늦음). | • 내무실 환경미화에는 노력하면서도 자신의 사물함 정리는 잘 안한다.<br>• 항상 활기찬 모습으로 인해 내무실원들에게 활력을 준다. |
| **ESTJ** | **ESFJ** | **ENFJ** | **ENTJ** |
| • 후임병들을 냉정하게 대하여 후임병들이 접근하기 어렵다<br>• 내무실별 장기자랑 대회가 있을 때 앞장서 계획을 짠다.<br>• 내무실에 꽃을 키운다면 꽃씨를 심는 것보다는 다 자란 꽃을 산다. | • 항상 내무실원들과 사이가 좋다.<br>• 독서하는데 옆에서 ESFP가 떠들어도 조용하라고 말 못한다.<br>• 누군가가 도움이 필요하면 가장 먼저 나서서 도와준다. | • 항상 내무실원들을 칭찬한다.<br>• 특유의 편안함 때문에 후임병들이 잘 따른다.<br>• 내무실에서 무언가 결정할 것이 생길때에는 많은 사람들의 의견을 따른다. | • 내무실 환경미화 작업시 후임병들을 효율적으로 통솔하여 일을 했다.<br>• 분대장이 되면 분대원들의 의견을 안 듣고 자신의 생각대로 일을 추진해 나가다가 분대원들의 원망을 사기도 한다. |

16가지 유형은 같은 내무실 생활에서도 이처럼 다르게 나타난다. 이처럼 성격의 다양함은 위와 같이 부대의 내무생활에서도 각기 다르게 나타나게 되므로 서로의 차이를 알고, 인정해 주고, 서로를 존중하게 되면 자연히 배려하는 마음을 갖게 된다. 즉 갈등보다는 이해를 하게 되는 것이다.

이렇게 교육이나 검사를 통해 온 마음과 몸으로 서로의 차이를 경험하는데 갈등이 줄어들지 않을 수 있을까?

**<4회기>**

정신기능과 열등기능

융은 MBTI의 4가지 선호지표 중에서 감각과 직관 기능(S-N), 사고와 감정기능(T-F)을 마음의 기능, 즉 정신의 기능이라고 하였다. 또한 감각과 직관기능은 비합리적 기능, 사고와 감정을 합리적 기능으로 구분하였는데 이는 사고와 감정기능은 이성적 판단에 따라 합리적으로 진행되어 지는데 반해, 감각과 직관기능은 이성적 고려를 하지 않는 직접적인 인식이라고 보았기 때문이다. 유형이론에서 사람은 태어날 때부터 선호하는 경향을 가지고 태어나는데 자기가 선호하는 기능은 관심을 많이 가지게 되고 동기화되어 점차로 능숙해지고 숙련이 되고 분화가 되어가는 반면에 극을 이루는 반대기능은 소홀하기가 쉽다고 한다. 예를 들어 감각기능을 선호하는 사람은 미래보다 현재에 대해 생각하는 시간이 많고, 추상적인 것보다 구체적인 것에 에너지를 더 쏟고, 이론적인 면보다 구체적인 응용에 더 관심이 많고 상상보다는 실제에 더 많은 시간을 들인다.

유형이론에서는 환경의 역할도 중시한다. 환경적인 요인은 개인들로 하여금 각자의 타고난 선호경향을 실현하도록 도와줄 수 있지만 반대로 환경에 의해 타고난 선호결향의 발달을 저해할 수도 있기 때문이다. 그렇게 되면 타고난 기능보다 반대기능이 더 발달하게 되어 적응을 할 수는 있지만 유형의 변조로 인해 만족감이나 유능감을 덜 느끼게 되고 자신의 능력을 충분히 발휘할 수 없으므로 자신의 선호경향을 제대로 아는 것은 매우 중요하다.

지금까지 알아보았듯이 유형의 발달은 그 사람의 일생의 과정이다. 정신의 기능이 능력을 완전히 발휘하는데는 일생이 걸린다. 네 기능 중에서 두 기능은 청년기까지 발달을 하고,. 나머지 구 기능은 중년기에 발달을 이루지만 때로는 상황의 요구에 따라 4가지 기능은 적절히 사용할 수 있는 개별화의 단계에 도달하는 사람도 있다고 한다. 네가지 기능 중에서 의식 위에 가장 많이 나와 있는 것이 첫째 기능인 주기능이고. 그 다음이 둘째 기능인 부기능인데 이것을 발달시키는 것이 청년기의 과업이다. 그 다음에 부기능의 반대가 셋째기능인 3차기능이고 무의식에 가장 많이 있는 것이 주기능의 반대인 넷째 기능인 열등기능으로 이것을 발달시키는 것이 중년기의 과업이다. 유형발달은 전문화 시기를 거쳐 일반화 시기로 발달해 가는데 의식과 무의식이 잘 조화가 된 사람을 성숙한 사람 또는 개별화된 사람이라고 융은 말하고 있다.

네 기능을 최상으로 사용한다는 것은 네 기능을 똑같이 사용한다는 의미가 아니라 선호하는 두 기능과 덜 선호하는 두 기능이 적절한 조화를 의미한다. 각 유형별 모든 사람은 그 자신이 좋아하는 주기능을 최상으로 발달시키면서, 동일수준은 아니지만 적절한 수준으로 부기능을 발달시켜 균형을 이루면서, 가장 발달되지 못한 기능을 깨달아 주기능을 도와 의도적으로 사용하면서, 과제의 요구에 따라 각 기능을 적절히 사용하면서 발달해 나간다.

그러나, 생활속에서 문제가 풀리지 않거나 일이 뜻대로 해결되지 않으면 사람들은 누구나 스트레스를 경험하게 된다. 이런 스트레스가 오래 지속되거나 주어진 상황이 제대로 풀리지 않으면 무의식 속에 잠재되어 발달하지 못한 열등기능이 부정적이고 원시적인 방법으로 의식위로 표출되어 자음과 같이 나타난다.

열등기능 "S"(INFJ, INTJ, ENTP, ENFP 유형은 열등기능이 S임)
중요하지 않은 세부사항에 지나치게 집착하는 경향, 상관없는 사실에 지나치게 몰두하는 경향, 감각적인 자극에 지나치게 매달리는 경향.

열등기능"N"(ISTJ, ISFJ、ESTP, ESFP유형은 열등기능이 N임)
미래를 부정적으로 보는 경향, 희망을 느끼지 못하는 경향, 그 자리 그 상황에서 꼼짝하지 않으려는 사고의 경직이나 융통성 상실 경향.

열등기능 "T"(ISFP, INFP, ESFJ, ENFJ유형은 열등기능이 T임)
지나치게 비판적인 경향, 지나치게 결점을 지적하는 경향, 지나치게 주도적이며 무자비한 경향.

열등기능"F"(ISTP, INTP, ESTJ, ENTJ유형은 열등기능이 F임)
통제되지 않은 감정의 폭발, 적합하지 않은 때와 상황에서의 분노와 감정표현, 비평에 지나치게 민감한 경향이 있다.

융도 사람이 청년기의 전문화 시기를 거쳐 중년기에 접어들어 일반화 시기가 되면 열등기능과 3차기능을 개발하는 것이 중요한 발달과업이라고 했다. 따라서 우리는 자신의 열등기능이 무엇인지를 알고 개발해 나감으로써 자신의 삶을 보다 잘 통제할 수 있고, 인간관계에서도 보다 좋은 관계를 형성할 수 있는 지름길을 택할 수 잇을 것이다.

각 유형에 따른 주기능, 부기능, 3차기능, 열등기능은 다음과 같다.

(  )는 각 유형별 주기능, 부기능, 3차기능, 열등기능

| ISTJ<br>(S T F N) | ISFJ<br>(S F T N) | INFJ<br>(N F T S) | INTJ<br>(N T F S) |
|---|---|---|---|
| ISTP<br>(T S N F) | ISFP<br>(F S N T) | INFP<br>(F N S T) | INTP<br>(T N S F) |
| ESTP<br>(S T F N) | ESFP<br>(S F T N) | ENFP<br>(N F T S) | ENTP<br>(N T F S) |
| ESTJ<br>(T S N F) | ESFJ<br>(F S N T) | ENFJ<br>(F N S T) | ENTJ<br>(T N S F) |

열등기능이 부정적이고 원시적인 방법으로 표출하게 되는 예를 가상해서 설명하면 다음과 같은 경우를 예상해 볼 수 있다.

ISTJ유형인 이병이 있다고 하자. 군이라는 조직도 낯설고 조직원들도 충족시하에 소위 말해 군기가 진뜩 들어 위축이 되어 있다. 이 상황에서 주어진 임무에 최선을 다했지만 선임병이 보기에는 어설프기 짝이 없어 핀잔을 자꾸 받게 된다면 스트레스를 많이 받을 것이다. 이런 상황이 지속이 되면 이 신참은 주기능인 S를 발동해 실제적이고 현실적인 감각을 동원하고, 부기능인 T를 발동해 논리적이고 분석적인 상황을 보게 되면서, 객관적인 기준에서 볼 때 자기를 나무라는 선임병이 무원칙적이고 부당하고 공평하지 못하다는 생각이 들 수 있을 것이다. 심한 스트레스에 쌓인 신참은 자신을 더 이상 스스로 통제할 수 있는 힘이 없게 되면 열등기능인 N이 부정적이고 원시적인 방법으로 발동을 해 표출되게 된다. 그렇게 되면 남은 군 생활이 지옥같이 느껴져 앞날이 깜깜하게 보일 것이고, 자기 안의 생각에 함몰이 되어 바람직하고 긍정적인 사고장식이나 대처할 수 있는 능력을 잃어버릴 뿐만 아니라 조직원들과의 갈등은 더욱 깊어지게 될 수밖에 없어 자칫 군탈·자살등의 어떤 극단적인 행동으로 돌출될 수가 있는 것이다.

그렇기 때문에 이러한 최악의 경우를 대처해 나가기 위해서라도 평소에 열등기능 N을 개발해서 사용할 수 있어야 한다. N은 거시적이고 가능성이나 대안, 숲을 보는 직관능력이므로, 이런 관점에서 보면 지금의 스트레스를 보는 관점이나 대처 방법이 달라질 수도 있다. 지금은 이렇게 다소 힘이 들지만 시간이 조금 흐르면 상황도 익숙해지고 나에게도 후임이 생기고, 열린 생각으로 꾸짖는 선임병을 보면서 '왜 그럴까?'를 생각하고 그 선임병을 이해하려고 노력할 것이다. 그러면서 '인생은 마라톤이니 참아보자, 무서워서 피하나 더러워서 피하지'하면서 무사히 제대할 날을 기다리며 참아낼 수 잇

을 것이다. 즉, 복무후 무사히 제대한 다음의 멋진 사회인이 될 나의 미래의 참 모습을 꿈꾸며 넉넉한 생각을 하면서 군 생활을 잘 견뎌낼 수 있을 것이다.
물론 열등기능은 스트레스를 해결할 때나 의사결정을 할 때도 필요하다. 우리가 문제를 잘 해결하고 싶다거나 최선의 결정을 하려면 정신기능의 4가지 기능을 다 사용할 수 있어야 한다. 그런데 네 가지 기능 중의 하나는 반드시 열등기능이기 때문에 잘 사용하지 않으므로 의사결정이나 문제해결에 있어 어려움을 겪기도 한다. 따라서 자신의 열등기능을 알고 개발한다는 것은 개인 생활에서나 대인관계에 있어서 나침반 같은 역할을 하는 것이므로 매우 중요한 일이라고 하겠다.

<청소시의 각 유형별 행동>

| ISTJ | ISFJ | INFJ | INTJ |
|---|---|---|---|
| • 자기 청소도구를 철저히 준비한다.<br>• 청소에 몰두 열심히 한다.<br>• 계획을 세워 청소를 진행한다.<br>• 과거의 청소경험들을 바탕으로 청소한다.<br>• 어떤 청소 구역을 맡기더라도 불평없이 책임을 다한다. | • 청소시 쉬는 시간에도 혼자 일한다.<br>• 내무실 인원들을 잘 챙긴다.<br>• 청소시 남의 도구까지 챙긴다.<br>• 청소시 친한 사람과 같이 하기를 원한다. | • 청소시 청소보다는 자신의 관심사에 대한 의문과 성찰의 시간을 가졌다.<br>• 청소시의 정신적 지도자<br>• 청소시 다른 사람이 생각 못하는 창의력 있는 청소를 한다.<br>• 청소시 후임보다 솔선수범하여 후임들이 더 열심히 청소하게 만든다. | • 청소시 시간 낭비를 용납하지 않는다.<br>• 청소시에 방법을 가장 잘 알고 있다.<br>• 청소를 마칠때까지 최선을 다한다.<br>• 청소시 자신의 판단대로 생각하고 강행한다. |

| ISTP | ISFP | INFP | INTP |
|---|---|---|---|
| • 청소시 청소구역에 따라 도구를 파악하고 준비한다.<br>• 청소시 도구에 파손이 있으면 시간이 많이 걸리더라도 고친다.<br>• 말없이 청소구역을 혼자서 청소한다.<br>• 자신의 청소구역만 청소한다. | • 청소시 후임들에게 말은 없지만 다정하다.<br>• 청소시 다른 구역과 충돌을 피하고 인화를 중시한다.<br>• 청소시에 후임들에게 조용하고 따듯한 미소를 보낸다.<br>• 청소시에 후임들에게 청소를 강요하지 못한다. | • 청소시에 후임들에게 부담을 주지 않는다.<br>• 청소시에 사고 발생시 기꺼이 희생한다.<br>• 청소시에 책임감이 강하고 성실하다.<br>• 청소시에 완벽함을 요하며 청소시에 흥미를 찾는다. | • 청소시에 고참들에게 지적이 나오면 지적된 내용을 분석한다.<br>• 청소시에 후임들엑 과목하며 자신의 청소구역만 청소한다.<br>• 자기의 뜻을 굽히지 않기 때문에 기만하게 보일때도 있다. |
| **ESTP** | **ESFP** | **ENFP** | **ENTP** |
| • 청소보다는 TV시청에 관심이 많다.<br>• 다른 사람이 청소한 구역을 평가한다.<br>• 청소시에 청소구역을 잘 파악하고 후임들과 즐거운 청소를 한다.<br>• 청소시 고참들의 긴 설명을 싫어하고 신속히 청소하는 것을 좋아한다. | • 청소를 늦게 해도 신경쓰지 않고 동기들이랑 같이 있는 것만으로도 행복하다.<br>• 청소시에 유머로 후임들을 즐겁게 한다.<br>• 청소시에 후임들에게 친절하다.<br>• 청소시에 어떤 구역이라도 열심히 청소할 수 있지만 마무리는 잘 못한다. | • 청소시에 새로운 청소방법을 시도한다.<br>• 자기 청소구역을 청소하다가도 다른 구역에 가서 청소를 한다.<br>• 반복되는 일상적 청소에는 힘들고 재미없어 한다. | • 청소를 마치고도 힘이 넘친다.<br>• 청소 하다가 갑자기 다른 일을 하기도 한다.<br>• 청소시 생기는 복잡한 문제에 해결 능력이 풍부하다. |

| ESTJ | ESFJ | ENFJ | ENTJ |
|---|---|---|---|
| • 청소시에 청소방법에 대해 시범을 보인다.<br>• 청소시에 청소를 하기 싫으면 솔직하게 얘기한다.,<br>• 청소시에 자기 내무실 목표를 설정하고, 후임들에게 세분화하여 지시한다. | • 청소시에 후임들이 힘들어하면 자신이 대신한다.<br>• 청소시에 가장 바쁘며 사람들이 가장 많이 찾는다.<br>• 청소시에 고참이나 후임들 기분 맞추기에 바쁘다.<br>• 참을성이 많아 힘든 일도 끝까지 열심히 한다. | • 청소시에 뒷정리를 잘한다.<br>• 청소시에 행동 민첩하여 고참들과 후임들의 인화를 중요시한다.<br>• 청소시에 자기가 좋아하는 고참이나 후임이 있으면 도와 주려는 경향이 강하다. | • 청소시에 후임들에게 목표를 정하고 주입시킨다.<br>• 청소시에 감독관이 돼서 후임들을 지휘한다.<br>• 청소시에 자신의 방법을 고집하며 남의 말에 귀기울이지 않는다.<br>• 청소시에 성급한 판단으로 청소를 다시 할 수도 있다. |

**<5회기>**

MBTI교육에서의 그룹별 작업시 각 유형별 사례

이번에는 실제 MBTI교육시 그룹별 작업을 통해 나타난 유형별 사례들을 살펴보도록 한다. 먼저 교육 인원을 E형과 I형으로 구분한 다음 “평소 친구를 사귈 때 어떻게 사귀는지?” 그리고 “상대 유형에게 하고 싶은 말”을 그룹 토의하도록 한 후 그 결과를 발표하도록 해 보았다. 이 물음에 대해 교육 인원들은 유형별로 다음과 같이 대답을 하였다.

| 구 분 | E형(외향적) | I형(내향적) |
|---|---|---|
| 친구를 사귈 때 어떻게 행동하는가? | • 말을 먼저 건넨다<br>• Skinship을 먼저 한다<br>• 일을 적극적이다.<br>• 분위기를 리드한다.<br>• 모임 장소에서는 그 모임에 잘 어울리고 잘 이끌어 간다. | • 만은 친구보다는 소수의 친구를 사귄다.<br>• 친구와의 관계에서 주도적이지 않다.<br>• 모임을 적극적으로 만들지 않고 주로 참석만 하는 편이다. |
| 상대 유형에게 하고 싶은 말은?(E↔I) | • 너무 소극적이다.<br>• 능동적이 되어 봐라.<br>• 비사교적이다.<br>• 혼자보다는 함께 해라.<br>• 차분해서 좋다. | • 나서지 말아라<br>• 말과 행동을 신중히 해라<br>• 자기 자신을 되돌아 봐라.<br>• 깊이 사귈 친구를 만들어라<br>• 마달발이 부러울 때가 있다. |

친구를 사귈 때 실제로 E형은 외향적인 성격답게 먼저 말을 건네고 분위기를 이끌어 가려고 생각하고 적극적인 자세로 상대방을 대하는 반면 I형은 먼저 말을 걸기보다는 상대방이 말을 걸어 올때까지 기다리거나 많은 친구를 사귀기보다는 소수의 친구를 깊이 있게 사귄다고 대답하여 MBTI으로 확인된 성격이 실제 성격과 많은 부분에서 일치함을 확인할 수 있었다.

두 번째로 교육인원을 S유형과 N유형으로 나눈 다음 사과에 대해 생각나는 이미지를 써보라도 하였다. 그리고 역시 상대방에게 하고 싶은 말도 물어보았다. 결과는 다음과 같다.

| 구 분 | S형(감각형) | N형(직관형) |
|---|---|---|
| 사과의 이미지 | • 과일<br>• 맛있다<br>• 빨간색<br>• 둥글다<br>• 과수원 | • 시골길<br>• 어머니<br>• 원숭이<br>• 윌리엄텔<br>• 백설공주 |
| 상대유형에게 하고 싶은 말은?(S↔N) | • 현실을 직시해라.<br>• 있는 그대로 생각해라.<br>• 허황된 꿈을 버려라. | • 눈에 보이는 것만이 전부가 아니다.<br>• 앞을 내다 봐라. |

이와 같이 사과의 이미지에 대해 S형은 실제적이고 정확한 경험 위주의 표현을 한 것에 비해 N형은 '윌리엄 텔'이나 '백설공주'와 같이 비유적이고 암시적인 묘사를 많이 사용한 것을 알 수 있었다.

T형과 F형으로 나누어 실시한 그룹작업에서는 '내가 만약 일직 근무 중일 때 새벽2시경 부대원이 술에 만취해 파출소에 있다고 연락이 왔을 때 어떻게 대처하겠는가?'라는 질문을 주었다. 이에 T형은 지휘관에게 보고 후 지시에 따라 원칙대로 활동하겠다는 대답을 공통적으로 하였다. 반면 F형은 정해진 규정보다는 그 병사의 입장에 서서 이해하고 이 상황이 조용히 넘어 갈 수 있도록 최대한 노력하겠다는 대답이 다수였다. 즉 머리로 판단하는 T형과 가슴으로 받아들이는 F형의 성격이 전형적으로 드러나는 답을 들을 수가 있었다. 그리고 T형은 F형에게 너무 감정에 치우치지 마라, 객관적으로 판단하고 행동하라, 논리적인 생각을 가져라, 맺고 끊는 것을 확실히 하라, 너의 감정을 절제하여라 등을 원했고, 반면 F형은 T형에게 너무 계산적으로 살지 마라, 사람과의 정을 쌓아라, 너무 딱딱하게 굴지 마라, 사교성을 가져라, 마음을 따뜻이 가져라, 융통성을 가져라 등을 원했다.

그리고 마지막으로 J형과 P형으로 나눈 다음 일정한 자금과 시간이 주어질 경우 여행계획을 세워 보라고 하였다.

| 구 분 | J형 | P형 |
|---|---|---|
| 여 행<br>계획서 | 1. 리더를 뽑는다- 병장 ○○○<br>2. 목적지를 정한다- 지리산<br>3. 출발지와 집결지를 정한다- ○○터미널<br>4. 교통편-버스편 10,000×6= 60,000<br>기차편 9,000×6= 54,000<br>5. 숙박-민박 60,000×2= 12만원<br>6. 밥- 쌀 10,000 반찬 30,000 등<br>---------------------------------<br>결산<br>기간: 2박3일, 인원: 6명, 비용: 27만4000원 | • 목적지: 동해안<br>• 출발일: ○월 ○일<br>• 기차를 타고 동해안중에서 마음에 드는 곳에 내려 여행한다.<br>• 돈이 다 떨어지면 돌아온다. |

| 상대유형에게 하고 싶은 말 (J↔P) | 1. 시간을 효율적으로 잘 활용해라<br>2. 신속하게 판단해라<br>3. 뚜렷한 목적의식을 가져라<br>4. 가볍게 행동하지 마라<br>5. 한 번 마음을 먹었으면 반드시 행하라 | 1. 너무 꼼꼼한 것 같다.<br>2. 마음을 열고 여유로움을 가져라<br>3. 시간에 얽매이지 마라.<br>4. 결과 못지 않게 과정도 매우 중요하다,<br>5. 융통성 좀 가지고 살아라. |
|---|---|---|

그 결과 J형은 날짜별 시간별로 치밀하고 세부적인 계획을 세운 반면(숫자 많이 이용), P형은 계획은 대충 세워 놓고 상황에 따라 얼마든지 수정할 수 있는 융통성을 보여주었다.

위에서 살펴본 바와 같이 각 유형 별로 실제의 성격이 MBTI검사 결과와 많은 점에서 일치하는 모습을 보았다. 그리고 조별로 나누어서 같은 유형의 성격끼리 토론을 할 때 조원들끼리 각자 서로의 의견이 비슷하였고 그러다 보니 토론도 매우 원활히 이루어지는 것을 관찰 할 수 있었다. 나아가 MBTI교육을 받은 인원들 중 대다수가 다른 유형의 의견이 나와 다를 수 있다는 것을 인정하고 상대방의 의견도 존중해야겠다는 수용 태도를 가지게 된 것으로 나타났다.

<화생방 훈련시 각 유형별 형태>

| ISTJ | ISFJ | INFJ | INTJ |
|---|---|---|---|
| • 화생발 훈련전 부수기재를 철저히 점검한다.<br>• 훈련에 몰두하고 주어진 상황에 최선을 다한다.<br>• 계획대로 진행을 원한다.<br>(들어갈 순서 바뀜, 우천으로 인해 화생방 교육이 연기되는 등의 계획을 싫어함)<br>• 불평불만 없이 묵묵히 훈련에 임한다. | • 친한 사람이 옆에 있어야 훈련 받을 때도 맘이 편하다<br>• 남이 떨어뜨리고 간 방독면을 주워 나온다.<br>• 화생방 교장에서 나와 동료들에게 휴지를 건낸다. | • 고장난 방독면을 가진 동료에게 자신의 방독면을 준다.<br>• 가스가 주입되는 급박한 시간에도 관심사에 대한 의문과 성찰의 시간을 갖는다.<br>• 다른 사람이 생각 못하는 창의적인 생각으로 가스실 훈련을 견딘다. | • 몸이 좋지 않아도 의지로 이겨내고 가스실에 들어간다.<br>• 화생방 교육에 대래서 이론적으로 박사다.<br>• 가스실에서 오토바이를 하고, 콧물을 흘리고 숨이 막혀와도 끝까지 견뎌낸다.<br>(의지의 한국인) |

| ISTP | ISFP | INFP | INTP |
|---|---|---|---|
| • 동료의 방독면을 손수 수리해준다.<br>• 자신만을 위한 휴지를 챙겨와서 훈련 종료후 혼자 사용한다.<br>• 숨이 막히고 콧물이 흘려도 자신이 떨어뜨린 방독면을 가져오기 위해 바로 가스실에 들어간다. | • 가스실에서 나와 자신이 아무리 힘들어도 동료들의 고통스러운 모습을 보면 도와준다.<br>• 가스실에서 나와서도 웃는 얼굴로 동료들을 대한다.<br>• 남들이 버리고 간 휴지를 다 줍는등 뒷정리 한다. | • 빨리 훈련이 끝나고 부대복귀할 생각만 한다.<br>• 힘든 훈련이지만 완벽함을 요한다.<br>• 남에게 부담을 주지 않으려 한다.<br>• 훈련후 묵묵히 다음 훈련을 준비한다. | • 자신의 겪을 고통에 대해 미리 생각해보고 훈련애 대처한다.<br>• 동료들의 반응을 미리 예측해본다.<br>• 가스실에서 있었던 자신의 행동에 대해 정확히 기억하고 훈련 후 분석해 본다. |
| **ESTP** | **ESFP** | **ENFP** | **ENTP** |
| • 가스실 들어가기전 장기자랑을 통해 동료들의 긴장을 풀어준다.<br>• 이미 뒷주머니에 손수건을 준비하고 있어 여차하면 가스실에서 조교를 모르게 코를 막는다.<br>• 조교가 시범 보이는 것을 비웃으며 본인이 직접 시범을 보일 가능성이 있다. | • 동료들이 가지고 있는 가장 좋은 방독면을 무슨 수를 써서라도 자기의 것으로 만든다.<br>• 가스실에 들어가기전 긴장하는 동료들을 위해 폭소와 유머로 긴장을 풀어준다.<br>• 콧물이 나고 눈물이 나도 동료들과의 고통을 나누었다는 자체로도 행복하다. | • 자신의 독특하고 새로운 방법으로 가스와의 전쟁에서 승리한다.<br>• 가스실에 먼저 들어갔다 나온 동료들의 고통스러워하는 모습을 보며 본인이 더 가슴 아파한다.<br>• 교육전 반복되는 조교의 설명에 지루해하고 차라리 빨리 가스실에 들어가고 싶어한다. | • 가스실에 들어갔다 나놔도 가장 생생하고 힘이 넘친다.<br>• 훈련에 들어가기전 부담을 많이 느끼나 일단 가스실에 들어가면 정열적으로 훈련에 임한다.<br>• 새로운 방법으로 훈련에 대처한다. |

| ESTJ | ESFJ | ENFJ | ENTJ |
|---|---|---|---|
| • 가스실에 들어가기전 요령, 방법을 동료들에게 알려주고 시범을 보인다.<br>• 가스실 자신이 가장 먼저 들어가겠다고 손을 든다.<br>• 견딜 수 없이 힘들면 조교들을 밀치고 가스실을 뛰쳐나갈 수도 있다.<br>• 일단 가스실에 들어갔다 나오면 동료들에게 으시댄다. | • 가스실에 들어가기 전 "고통이 덜 하게 해 주십시요"하고 기도한다.<br>• 눈물을 콧물 다 본 동료들과 깊은 정을 나눈다.<br>• 가스실에 나와서 다른 사람의 기분 맞추기에 바쁘다. | • 가스실에서 힘들어하는 동료들을 보면 훈련이 끝나고 동료의 몸상태 하나하나를 체크하면서 괜찮은지 물어본다.<br>• 가스실에 들어가기전 동료들과 회의를 통하여 계획을 세운다.<br>• 훈련이 끝난 후 가스실 뒷정리 청소를 자원한다. | • 훈련 전 동료들에게 화생방 훈련을 통해 무엇을 얻을 수 있는지 목표의식을 정확히 주입시킨다.<br>• 동료 한명의 실수로 가스실에 다시 들어가게 되면 그 동료를 심하게 질책한다.<br>• 가스실에 같이 들어간 동료들을 인솔하고 훈련이 끝나고 힘들어 하는 동료들을 일으켜 세워 줄을 세운다. |

**<6회기>**

MBTI 활용방안과 사례

MBTI는 융의 심리유형이론을 기초로 해서 만들어진 검사 기법이므로 융이 이론을 알면 더욱 효과적이다. 그러나 MBTI는 융의 이론에 관심이 없는 사람에게도 흥미있고 가치 있는 도구이다.

MBTI는 기본적인 기능과 태도에 있어서의 개인차를 다루기 때문에, 우리 생활 전반에 다 적용시킬 수 있는데 다양한 장면에서 다양한 용도로 사용되고 있다.

① 교육장면에서

각 성격유형에 적절한 교수방법, 교과과정, 교육내용, 교육매체 등을 찾고 개발할 수 있다.

학습자들로 하여금 자기에게 적절한 학습방법을 찾게 하고 교사는 효율적인 지도방법을 찾아서 지도할 수 있다. 우리 군에서도 많은 교육이 실시되고 있다. 교육자나 피교육자의 성격유형을 고려하여 교육을 실시할 수 있다면 효율성을 높일 수 있고 학습자의 유형에 따른 욕구를 충족시켜줄 수 있을 것이다.

② 업무나 작업배치에서

각자의 성격유형에 적합한 전공, 업무 및 작업환경을 찾을 수 있다. 동일한 직장 내에서도 인식 및 판단 유형에 적합한 배치를 할 수 있어, 선호기능을 활용하고 미개발된 기능을 개발할 수 있다. 또한 일처리 유형을 이해함으로써 효율적인 적응을 할 수 있고, 건전한 인간관계는 의사소통기술을 형성하여 생산성을 증대시킬 수 있다. 우리 군에서도 각 병과의 특성과 성격유형에 잘 조화되는 인선작업을 통해 부대의 효율적 관리와 생산성을 증대시킬 수 있다.

③ 협동 및 공동작업이 요구되는 상황에서

집단의 문제를 해결하는데 각자의 유형을 이해하고 존중함으로써 장점과 다양한 능력을 활용할 수 있다. 서로의 장점을 살릴 수 있는 기회를 마련할 수 있고 또 상대방의 장점을 배움으로써 자기발전을 꾀할 수 있다. 과거에 오해와 갈등과 장애로 작용했던 성격상의 차이를 서로 이해하고 존중하고 기쁨과 흥미를 느끼고 활용할 수 있다. 특히 우리 군에서는 조직 속에서 일어나는 오해와 갈등의 차이를 이해한다면 군 생활에 더욱 활기가 넘치게 되고 사고를 미연에 방지할 수 있는 좋은 여건이 마련될 수 있을 것이다.

④ 상담이나 의사소통에 있어서

성격유형에 따라 의사소통이 다름을 이해하여 오해와 갈등을 줄이고 이해하고 공감하는 의사소통기술을 익힐 수 있으며 다름을 문제로 인식하기보다는 흥미롭고 가치 있는 것으로 여길 수 있게 한다. 이러한 유형의 이해를 통해 상하관계나 동료관계에서 유사성이나 차이점의 가치를 알고, 오해나 갈등을 해소하여 원만한 인간관계를 맺을 수 있다. 우리 군에서 상급자가 하급자를 볼 때 뭔가 나와 다르다고하여 지능이나 능력이 모자란다고 생각하기 쉬웠다. MBTI를 통해 에너지를 얻는 방법, 정보인식과 판단결정, 생활양식의 차이를 알게 되면 서로가 서로를 있는 대로 수용할 수 있게 되는 것이다. 또 각자의 선호기능이 잘 발달하도록 돕고, 반대의 선호기능을 개발하도록 돕는다면 국가적으로 성숙한 한 사람의 사회 구성원을 만들어 내게 되는 값진 일을 군에서 담당하는 것이 되며, 이는 성숙한 발전적인 사회를 지향하는 밑받침이 될 것이다.

MBTI는 개인검사로도 또한 집단검사로도 사용할 수 있다. 개인검사로 사용할 경우에는 검사를 통해 개인의 성격유형을 알려준다. 이때 개인의 통찰이 있거나 융의 이론을 잘 알고 있는 사람은 자신을 발달시키고 개발해나갈 수 있는 충분한 역량이 있으나 그렇지 못한 경우도 많다.

그런 경우는 대부분이 '나는 이런 사람이로구나', '내가 생각한대로 나왔네', '쪽집게 같이 딱 맞네'하고 그냥 쉽게 생각하고 넘어가 버리기도 한다. 이런 태도는 별로 바람직하지 못할뿐더러 MBTI의 참 뜻을 살릴 수 없다. 이 때는 전문가로부터 충분한 상담이나 교육을 받아 자신을 충분히 알고 열등기능은 뭐지, 어떻게 문제를 일으키는지, 무엇을 개발해야 하는지 등에 대해 다양한 정보를 얻고 이를 삶 속에서 실천해 나가는 것이 중요하다. 집단에서도 검사로만 끝나는 것은 충분하지 않고 이를 해석해줄 사람과 시간과 공간이 매우 많이 필요하다.

MBTI가 충분한 제 기능을 발휘할 수 있으려면 MBTI를 이용한 자기성장 프로그램이나 적절한 집단상담 프로그램으로 운용할 수 있으면 좋다. 일정한 공간에 많은 인원을 상담자나 지도자가 운용할 수 있기 때문이다. 시간이 많을수록 많은 작업을 통해 자신과 타인을 이해할 수 있다. 특히 가시적이고 실질적인 효과를 빨리 얻으려면 검사를 실시하고 16가지 유형별 그룹작업이나 4가지 선호지표별 그룹작업을 시킨 후 발표를 하게 되면 서로간의 유사점과 정신교육시간등을 이용해 전문가를 초빙하거나 교육을 받은 간부들을 활용해서 MBTI 자기성장 프로그램을 실시한다면 많은 장병들이 자신을 알고 상대를 이해하게 됨으로서 서로간의 오해나 갈등을 없애고 인간관계 형성에 도움을 줄 수 있고 따라서 문제나 사고도 예방할 수 있을 것이다. 다음은 MBTI교육을 실시한 부대에서 검사를 통해 4가지 지표별 그룹작업, 16가지 유형별 그룹작업을 마친 후 써낸 소감문중 몇 가지를 골라보았다.

(소감문 1)

일병 ○○○

처음 MBTI를 시작할 때는 단순한 호기심으로 시작했는데 답안지를 작성하고 그 결과를 본 후 놀라지 않을 수 없었다. '어떻게 이렇게 똑같을 수가!' 프로파일에 나와 있는 유형별로 나누어져 있는 성격에는 나에게 속하는 ENFP타입이 평소 내가 생각했던 내 성격과 거의 일치하는 것이다. 그 뿐만 아니라 유형별로 조를 나누어서 이야기를 하며 서로의 의견을 주고 받을 때도 같이 모인 인원들의 의견이 비슷비슷했고 다른 조에서 나온 의견과는 전혀 달랐었다. 인상 깊었던 것은 같은 조원끼리 얘기를 나눌 때 나와 의견이 비슷하니까 괜히 기분이 좋았고 내 의견에 더 힘이 실리는 것 같았다. 한편으로는 이렇게 생각해 보았다. '다른 조원들은 나와 생각이 정반대일 수 있겠구나!' 실제로 달 s조에서 발표한 의견들은 하나같이 나와 우리 조원들과 생각이 달랐다. 이번 기회로 사람마다 타고난 성격이 천차만별이라는 것을 다시 한번 알게 되었고 나와 비슷한 성격의 소유자들도 있는 것을 다시 한번 알게 되었다. 때문에 나와 생각이 다르다고 내 생각만 옳다고 주장했던 것이 얼마나 어리석었는지를 깨닫게 되었다. 이것을 통해서 자기자신의 미약한 부분도 알 수 있게 되어서 후천적인 노력을 통해서 보완해 나가야겠다고 생각했으며 이것이 더 폭넓게 사용되어서 널리 알려져 우리 생활에 유용하게 사용되었으면 좋겠다고 생각했다. 이 짧은 시간을 통해 나 자신을 다시 한번 알 수 있었고 다른 사람들의 생각도 조금이나마 알 수 있어서 좋은 시간이 되었다.

(소감문 2)

상병 ○○○

오늘 교육을 받고 난 후 가장 인상 깊게 가슴에 남았던 것은 '와' 군대에서도 이런 좋은 기회를 가질 수 있구나! 하는 감동이었다. 무엇보다도 가장 좋았던 것은 서로의 의견 조합을 통해 자기의 잘못된 점과 몰랐던 자기의 성격을 객관적으로 파악할 수 있었고 잘못된 점은 개선할 수 있는 좋은 계기가 되었다는 것입니다. 더 나아가 이런 교육으로 인해 모든 부대원들이 좀 더 군 생활에 적응할 수 있는 좋은 기회였던 것 같습니다.

이 외에도 대다수의 소감문에 매우 유익하고 실생활에 꼭 필요한 교육이었다는 전반적인 느낌을 피력해 놓았는데 그 중 무엇보다도 가장 가슴에 와 닿는 말이 있었다. "항상 고참병이 문제라고 생각하면서 도저히 이해할 수 없다고 생각하였는데 내게도 문제가 있음을 알게 되었고, 고참병이 왜 그랬는지를 이해할 수 있게 되어 문제가 해결되고 시원하였다"

이러한 표현에 대해서는 병사들을 직접 지휘/관리해 나가는 군의 간부들은 물론이고 병사들도 역시 직접 관심을 가져야 할 부분이 아닌가 생각한다.

<유격훈련시 각 유형별 형태>

| ISTJ | ISFJ | INFJ | INTJ |
|---|---|---|---|
| • 유격시 준비물을 철저히 준비<br>• 유격시 묵묵히 훈련에 몰두한다.<br>*계획대로 진행을 원한다.<br>• 남들보다 집합시간에 먼저 나온다.<br>• 자세가 좋아 모범 올빼미로 선정되어 열외횟수가 많다. | • 텐트 자리를 배치해주고친한 사람옆에 자리를 잡음<br>• 자기 분대원들을 가장 잘 챙긴다.<br>• 남들이 쉬고 있어도 혼자 분주하다.<br>• 둘이 공통으로 준비해야 하는 점은 본인이 다 챙긴다.<br>• 옆동료를 생각하여 건빵 한봉지를 더 챙긴다. | • 유격장에서도 꼭 수양록을 작성한다.<br>• 유격장에서의 정신적 지도자<br>• 유격훈련 자체보다 과연 내가 이 훈련을 통해 무엇을 얻고 깨달을지에 대해 생각한다. | • 자유시간에도 낭비(취침, 휴식)을 허락하지 않는다.<br>• 유격에 대해 이론적으로 박사다.<br>• 아무리 힘들어도 어금니 꽉깨물고 열외한번 안하는 의지의 한국인 |
| **ISTP** | **ISFP** | **INFP** | **INTP** |
| • PT체조보다는 장애물 타는 것에남들보다 탁월함.<br>• 텐트를 칠 때 일일이 꼼꼼히 하기 때문에 시간을 많이 허비한다.<br>• 자신을 위한 부식을 꼼꼼히 챙겨간다(통조림, 간식거리) | • 유격보다는 부식추진, 취사를 담당하고 싶어한다.<br>• 힘든이들의 다리를 주물러 주고, 텐트 주변 청소를 한다.<br>• 본인도 힘들지만 남들에게 힘내라고 격려해준다.<br>• 항상 웃는 얼굴이다. | • 묵묵히 훈련에 참가한다.<br>• 남에게 부담을 주지 않으려 노력한다.<br>• 텐트에서 사고가 나면 본인이 직접 책임을 지고 희생한다.<br>• 훈련이 끝나고 포상을 받는 생각을 한다.<br>• 이와하는 유격훈련 우리부대가 최고가 될 수 있기를 희망한다. | • 하늘의 별자리를 보며 내일 날씨에 대해 예언해본다<br>• 장애물 훈련시 실패하였을 경우 왜 실패하였는지 분석적으로 비평한다.<br>• 행군시 누가 낙오할지, 완주할 지 예측해본다. |

| ESTP | ESFP | ENFP | ENTP |
|---|---|---|---|
| • 유격훈련보다는 특공연대 지리, 자녁 자유시간에 어떻게 보낼지 생각한다.<br>• 유격조교가 시범을 보이는 것을 비웃으며 자신이 직접 시범을 보일 가능성이 있다.<br>• 남들보다 준비한 것이 많아 유격기간중 걱정이 없다. | • 유격복을 남들보다 좋은 것으로 골라 입는다.<br>• 지친 훈련장의 분위기를 폭소와 유머로서 화기애애하게 만든다.<br>• 행군시 발에 물집이 잡히고, 조금 뒤쳐져도 그저 동료들과 함께 걷는 것이 행복하다.<br>• 침구류보다도 간식거리를 더 챙겨왔다. | • 말다툼이 일어나면, 중간에서 문제를 해결하는 해결사<br>• 행군에서 낙오하면 내일처럼 가슴 아파한다.<br>• 행군시 자신의 독특하고 새로운 방법으로 물집과의 전쟁에서 승리한다. | • 유격훈련후 복귀하여도 가장 힘이 넘친다.<br>• 반복되는 PT체조는 흥미없고, 새로운 장애물 훈련이 시작되길 기대한다.<br>• 새로운 방법으로 훈련에 대처한다. |
| **ESTJ** | **ESFJ** | **ENFJ** | **ENTJ** |
| • 훈련전 동료들에게 유격훈련 방법을 시범보인다.<br>• 훈련장에서 모든일에 솔선수범한다.<br>• 부당한 조교의 교육에 솔직하고 화끈하게 얘기한다.<br>• 쉬운 장애물 하나 성공하고도 으시댄다. | • 훈련 들어가기전 다치지 말게 해달라고 기도한다.<br>• 훈련을 통해 서먹했던 인원들과 가까워 지도록 노력한다.<br>• 행군시 지친 인원의 군장을 대신 매준다.<br>• 다른 인원의 기분 맞추기에 바쁘다. | • 훈련때 처지는 동료들을 보면 훈련이 끝나고 불러서 상담한다.<br>• 훈련장에서도 항상 조장으로써 맡은바 책임을 다한다.<br>• 훈련전 분대원들과 회의를 통해 철저히 계획한다.<br>• 훈련장 뒷치닥거리는 다 한다. | • 분대원들에게 유격훈련을 통해 무엇을 얻을 수 있는지 목표를 주입시킨다.<br>• 업무를 분담시키고 잘못하면 문책한다.<br>• 텐트의 감독관이 된다.<br>• 리더십으로 분대원을 이끈다. |

**<7회기>**

글을 마치며

군대에서의 갈등은 사고로 표출되고, 사고를 예방하기 위해서는 사고와 원인인 갈등을 해결해야 한다. 갈등을 해결하기 위해서는 먼저 상호간의 이해를 통해 오해를 풀어나가야 한다. 그러나 군대라는 계급이 강조되는 특수사회에서는 일반사회와는 달리 자신의 마음을 열고 상대방을 받아들이기가 매우 힘든 것은 사실이다. 그러다 보니 서로 이해하기가 힘들고 오해가 야기되어 축적되고 그것이 갈등을 유발시키고 결과적으로 사고로 이어지는 경우가 많은 것이다.

MBTI 성장 프로그램은 MBTI성격검사 결과를 가지고 상호간의 자유로운 의견교환이나 대화를 통해 성격의 유사성과 차이점을 알아가는 교육이다. 이 과정속에서 자연스럽게 자신의 성격을 이해하게 되고 남이 나를 어떻게 생각하는지, 타인의 사고나 행동이 나와는 어떻게 다른지, 어디서 이런 차이를 보이게 되는지 알게 되는 기회이다. 이러한 시간을 가지면서 진정한 자아를 발견하고, 자신의 장점과 더 개발해야 할 점을 발견할 뿐만 아니라 예전에 이해하지 못한, 아니 이해하려고도 하지 않았던 다른 사람들의 모습을 이해하고 있는 그대로 받아들일 수가 있는 것이다. 즉, MBTI를 통한 자유로운 의사소통으로 서로 이해하고 갈등을 해소할 수 있는 시간을 갖게 되는 것이다. 그러므로 군대와 같이 통제받는 전형적인 특수한 조직에서야말로 MBTI교육이 더욱더 절실하게 필요한 것이다. 특히 세대가 변하고 가치관이 다른 자유분방함 속에서 자란 신세대일수록 남을 이해하기보다는 자신의 만족을 우선시 하는 경향이 있다. 이런 신세대 장병들이 통제되고 획일적인 군대의 집단 생활을 견디기란 쉽지 않을 것이며 오해나 갈등이 생겨나 마음을 열고 대화하기란 더욱 어렵고 계급적 위계 속에서 내적인 갈등을 알고 고민하기도 하고 무력감에 빠질 수도 있다. 때문에 다른 정신교육도 당연히 필요하지만, 인간의 기본적인 심리구조와 역동을 MBTI를 통해 쉽게 접근해서 인성교육이 이루어진다면 기대효과가 더욱 뛰어날 것이므로 우리 군에서도 이런 검사기법을 잘 활용하여 사전에 사고를 예방함은 물론이고, 좋은 여건속에서 근무가 이루어질 수 있도록 이러한 교육 기회를 적극적으로 보급시켜 활성화 하여야 할 것이다.

그러나, MBTI교육이 군에 보급되기 위해서는 해결해야할 몇 가지 과제가 있다. 첫째, 재정적인 문제다. MBTI는 저작권법에 의해 무단 복제, 복사하여 사용할 수 없다. 따라서 교육하는데 소요되는 비용이 인원수에 비례한다. 기존의 교육은 강사를 한 사람 초빙하면 공간이 허락하는 범위에서 교육이 가능하지만 이 교육은 1인당 최소의 경비가 필요할 것이다. 따라서 마음이 있어도 경제적인 어려움으로 선뜻 시행하기가 어렵다. 정책적인 차원이나 제도적인 차원에서의 재원확보가 필수적으로 따라야 한다. (하지만 평소 중대나 대대등 단위 부대에서 100명 기준 20만원 정도 투자하여 얻는 효과는 유사시 사고 발생 후 뒷수습에 소요되는 비용과는 비교가 안 되는 현실을 감안해서 생각해야 할 것이다.)

둘째, 전문강사의 확보이다. MBTI는 일정한 수준의 전문교육을 받은 사람에 의해서만 검사에 필요한 교보재를 구입하고 교육을 실시할 수 있다. 따라서 지금 당장은 현재 자격을 갖추고 있는 사람을 파악해서 계획을 짜고 운영을 순차적으로 하거나 강사를 초빙하여 실시할 수 있다. 또한 중기적인 방안으로는 관심이 있는 희망자를 관련병과에서 모집하여 교육을 시킨 후 교관요원으로 활용할 수도 있을 것이다. 특히 희망자를 선발하여 교육할 시에도 MBTI중앙연구소와 협약을 통해 전문 강사가 출장토록 하는 특별교육을 시키는 방안도 생각해볼 수 있다. 물론 더욱더 좋은 장기적인 안목으로는 임관전 교육시에나 장교 OAC나 부사관 중급반 교육시 정과 교육으로 약20시간 교관 양성 교육을 실시하면 가장 이상적일 것이다.

셋째, 교육의 실시방법 상의 문제이다. 전군에 일시에 이를 시급히 실시하는 것은 무리가 따른다. 따라서, 우선은 업무적으로 필요한 부대나 관심을 가지고 자원하는 부대를 중심으로 시범운용을 한 후에 그 결과를 종합토대로 하여 점차 전군적으로 기획하고 발전시켜나가야 할 것이다.

MBTI의 실시목적은 자신의 성격을 이해하고 또한 상대방을 이해하며 상호존중 해줄 수 있는 마음을 키우는 것이다. 군 내부의 폭행이다 가혹행위, 또 이에 따른 군탈, 자살 등의 각종 불군기한 사고원인의 대부분이 상급자가 자신의 하급자가 따라 주지 못한다는 이유에서 비롯된다. 즉, 하급자의 능력과 심성은 전혀 고려치 않고, 자신의 기준에서 하급자를 판단해서 무조건 통제하려는 데에서 기본적인 문제가 발생된다. 따라서 MBTI 프로그램을 실시해서 조직 구성원들이 자신의 성격을 이해하고 상대방을 이해할 수 있도록 계기를 만들어 주면서 교육을 통해 많은 대화를 유도해 주게 되면 쌓여있던 오해나 갈등은 풀어지게 되고, 발생사고 억제에 많은 효과를 반드시 기대할 수 있을 것이며 나아가 자신의 삶을 더 긍정적이고 내실있게 가꾸어 갈 수 있으리라고 기대할 수 있다. 여러분들이 MBTI를 활용하여 사고예방은 물론 성공적인 부대 및 주변 관리, 그리고 언젠가 사회진출 이후의 선량한 국민의 한사람으로서 자신과 주변의 발전을 이룰 수 있기를 기대해 보며 글을 맺는다.

<작업시 각 유형별 형태>

| ISTJ | ISFJ | INFJ | INTJ |
|---|---|---|---|
| • 한 작업을 끝내기 전엔 다른 작업을 하지 않는다.<br>• 작업도구를 미리 챙겨옴.<br>• 작업하면서 남들이 노는 모습을 보면 참을 수 없다.<br>• 작업 집합하면 가장 먼저 모인다. | • 자신의 작업을 다하면 쉬지 않고 남의 작업을 도와준다.<br>• 작업량에 따라 인원 편성을 효율적으로 한다.<br>• 친한 사람과 함께 작업하는 것을 좋아한다.<br>• 작업장에 마실 물도 가져가는 것도 이들이다. | • 작업보다는 그 시간에 자신의 군생활에 대해 되새겨본다.<br>• 작업을 열심히 하여 남들에게 모범이 된다.<br>• 작업도구를 남들과는 다른 방법으로 사용한다. | • 최단 시간 내에 작업을 끝마친다.<br>• 작업시간과 범위, 작업량을 직접 결정해야 마음이 놓인다.<br>• 작업방법을 가장 잘 알고 있다. |
| **ISTP** | **ISFP** | **INFP** | **INTP** |
| • 작업도구를 가장 효율적으로 사용한다.<br>• 삽이나 낫 같은 작업도구가 부러져도 쉽게 고칠 수 있다.<br>• 자신의 작업만 끝마치면 더 이상 일을 하지 않는다. | • 작업할 때 후임병들에게 친절하게 작업하는 법을 알려준다.<br>• 남들에게 작업을 열심히 하라고 강요하지 못한다,<br>• 작업하다가 남에게 방해하지 않을까 신경을 쓴다. | • 남들이 작업을 게을리 해도 이해해준다.<br>• 조용히 혼자 작업하는게 제일 편하다.<br>• 작업을 완전히 마무리해야 손을 놓을 수 있다.<br>• 작업하며 딴 생각하는 것을 즐긴다. | • 잡초하나를 베도 자르는 방향을 고려하고 자른다.<br>• 작업이론은 잘 안고 있으나 실제 작업하는 것을 즐기지 않는다.<br>• 남들 작업할 때 참견하거나 눈총을 받기도 한다. |

| ESTP | ESFP | ENFP | ENTP |
|---|---|---|---|
| • 작업은 안하지만 삽은 제일 새것을 가지고 있다.<br>• 작업이론을 듣는 것보다 일단 시작하고 본다.<br>• 작업량이 남아있더라도 시간만 다 되면 작업을 끝마친다. | • 작업하면서 다른 동료들과 대화하는 것을 좋아한다.<br>• 작업장에 온 목적은 일을 하는 것이 아니라 다른 사람들과 같이 있는 것이다.<br>• 작업을 마무리 못해도 전혀 개의치 않는다. | • 땅파다 잡초베고 잡초베다 가지친다.<br>• 직업하다 서로 트러블이 생기면 나서서 화해시킨다.<br>• 작업보다는 생각이 필요한 작업을 선호한다. | • 일단 작업하기를 시작하면 열정적으로 한다.<br>• 작업을 해도 남들이 쉽게 할 수 없는 작업에 도전한다.<br>• 작업을 하는 도중 갑자기 다른 일을 할 때도 있다. |
| **ESTJ** | **ESFJ** | **ENFJ** | **ENTJ** |
| • 작업장의 일원이 되기보다는 작업장을 지휘하는 것이 성격에 맞다.<br>• 후임들이 지쳐있어도 작업을 계속 시켜서 냉정하게 비춰지기도 한다.<br>• 작업하는 법을 사람들에게 가르쳐준다.<br>• 작업이 다 끝나기도 전에 끝났다고 단정짓고 마무리를 소홀히 할 때도 있다. | • 힘든 작업도 협력하여 잘 끝마친다.<br>• 쉬는 시간이 끝나도 다른 사람이 더 쉬고 싶어 하면 말리지 않는다.<br>• 작업을 하면서도 친분쌓기에 바쁘다.<br>• 작업하기 전 사고 나지 않도록 동료들에게 주의를 준다. | • 후임병이 지쳐있으면 옆에 가서 다독거려 준다.<br>• 이 사람이 작업장 지휘를 맡으면 마무리까지 시간이 오래 걸린다.<br>• 여기저기서 작업을 도와달라고 하여 늘 바쁘다. | • 누가 시키지 않아도 작업장 지휘를 맡는다.<br>• 작업병력을 효율적으로 통제한다.<br>• 가끔 너무 독선적이기도 하여 주위 사람들에게 불평을 듣는다. |

# XI. 발표논문

<논문 1>

# 문제사병의 성격유형 탐색에 관한 연구
## - MBTI 검사기법을 통하여 -

# Ⅰ. 서론

## 1. 연구의 필요성

인간의 행동은 개인적 특성요인인 성격과 상황적 특성요인인 환경과의 상호작용이 결과라고 볼 수 있다. 성격은 개인 내부에 있는 특징적인 행동과 사고를 결정해 주는 정신적, 신체적 체제의 역동적인 조직으로, 개인을 이해하고 알 수 있게 하는 특징적 요소로 연구의 대상이 되고 있다.

성격이 선천적으로 타고나는 것인지 후천적인 환경에 영향을 받아 형성되는 것인지에 대해서는 현재까지도 끊임없는 논란의 대상이 되고 있다. 그렇지만 인간은 태어나면서부터 외모나 행동에 있어 사람마다 차이를 보이고 있어 성격의 형성은 유전적, 생리적인 영향을 받는다는 사실에 틀림이 없다. 많은 학자들이 인간의 성격을 밝히려고 노력을 하고 있는데, 사람들은 모두가 다 다르지만 자세히 살펴보면 몇 가지 특징적인 경향으로 나눌 수 있다고 한다. 그런 학자들 가운데 융(Jung)을 들 수 있다.

융은 성격은 선천적인 경향성을 타고난다고 보고 1920년에 심리유형이라는 이론을 집대성하여 심리유형을 일반적인 태도와 정신기능으로 구분하였다. 일반적인 태도는 내향적 태도와 외향적 태도로, 정신기능은 사고, 감정, 감각, 직관기능으로 구분하고, 이를 조합해 내향적 감각형, 내향적 직관형, 외향적 감각형, 외향적 직관형, 내향적 사고형, 내향적 감정형, 외향적 사고형, 외향적 감정형의 8가지 유형으로 구분하였다. [1]
한편 브릭스(Briggs)는 자서전 연구를 통해 인간의 개인차를 연구하던 중 융의 심리유형이론을 접한 후 자신의 연구에 박차를 가하면서 융의 심리유형이론의 타당성을 확

---

1) 이부영, 분석심리학 : Jung의 인간심성론, (서울 : 일조각, 1998), pp. 131-177.

증하였다. 그 후 그녀는 딸인 메이어스(Myers)와 지속적인 노력 끝에 융이 간단하게 언급한 생활양식과 관련된 JP 지표를 첨가해 심리유형 발달이론을 확립하였다. 이 심리유형 발달이론에서는 어린이는 출생할 때부터 특정기능을 선호하는 경향을 가지고 태어난다고 한다.[2] 따라서 사람들은 선천적인 선호기능을 잘 사용함으로써 편안함과 유능감을 느끼게 되고, 그것이 그 사람의 특성을 이루게 되어 이 기능과 관련된 행동이나 기술이 발달된다. 또 유형발달은 일생의 과정으로 젊었을 때는 태어나면서부터 선호하는 두 기능을 발달시키고, 중년기까지 나머지 덜 선호하는 기능을 발달시켜 상황에 따라 적절히 사용할 수 있는 개별화의 단계가 이루어져야 한다고 하는 데 사람마다 차이가 있다고 한다.

이처럼 사람들은 같은 사물을 보아도 서로 다르게 보고 다르게 느끼고 판단하며 판단한 것을 다르게 행동으로 표현하는데, 이러한 다름에는 개인마다 일관된 경향이 있다고 보았다. 바로 이러한 성격의 일관성을 알아볼 수 있는 검사가 MBTI 검사이다.

MBTI(Myers-Briggs Type Indicator)는 융의 이론을 근거로 해서 메이어스와 브릭스가 1941년 이래 계속적으로 연구하고 경험적으로 검증하여 실생활에 이용하기 위해 만들어진 검사이다. 이 검사의 장점은 사람들이 가지고 있는 성격유형상의 차이를 미리 예견하여 보다 건설적으로 대처할 수 있게 해준다는 데에 있다.[3] MBTI는 대표적인 자기보고식의 비진단 검사로 좋고 나쁨이 없이 타고난 선천적 선호경향성을 알아보는 검사로 교육장면, 상담장면, 직업보도, 팀 빌딩, 의사소통 등 여러 분야에서 활발하게 사용되고 있다.

메이어스는 사람들은 서로 다른 인간과 판단기능을 사용하기 때문에 이들은 서로 다른 재능을 갖고 있을 뿐만 아니라 부적응의 대처기술도 성격유형에 따라 서로 다른 차이를 나타낼 것이라고 생각했다.[4] 즉, 실생활에서 일어나는 크고 작은 사건들은 거기에 작용한 상황조건 못지않게 관련된 개인들의 성격을 알아야 이해될 수 있으므로[5] 군이라는 특수한 환경에서 적응하지 못하거나 문제를 가지고 있는 사병의 성격에 대한 연구가 필요한 것이다. 특히 이상성격의 문제는 군생활에 곤란을 겪고 있는 병사들이나 각종 범죄와 같은 반조직적인 행동을 이해하기 위해서는 성격의 연구가 반드시 필요하다.

---

2) 김정택, 심혜숙, 제석봉, MBTI 개발과 활용. (서울 : 한국심리검사연구소, 1995). p.22.

3) 앞의 책, p 17.

4) L. K. Komisin.., "Personality Type and Suicidal behaviors in College Student", Journal of Psychological Type, 24, 1992, pp.24-32.

5) 정양은, 심리학통론, (서울 : 법문사, 1986), p. 144.

따라서 본 연구에서는 군이라는 특수한 환경에서의 부적응으로 인한 문제사병에게 MBTI 검사를 실시해 그들의 선천적인 선호경향이나 성격유형을 파악해 보고자 하는 것이다. 4가지 선호지표 중에서 어떤 선호지표가 많이 나타나는지, 16가지 성격유형 중에서 어떤 성격유형이 많이 나타나는지 실제적인 조사를 토앻 알아보고자 한다. 또 군조직사회의 특수한 환경적인 요인으로 인한 심리적인 어려움이 어떻게 행동으로 표출이 되었는지 가늠해보고, 문제사병이 자신의 성격적인 특징을 이해하고 덜 선호하는 기능을 개발하도록 돕고, 지휘관, 간부, 또는 주변의 전우들이 그들을 이해하도록 도울 수 있는 기초자료를 제공하여, 상급자와 하급자간 효율적인 의사소통, 인적 자원의 효율적인 관리 운용, 개인과 조직간의 갈등해소 등에 도움을 주고자 하는 것이다.[6][7]

## 2. 연구의 목적과 연구문제

본 연구의 목적인 육군교도소에 수감 중인 수용자, 즉 문제사병들에게서는 MBTI의 선호지표 중에서 어떤 선호지표가 더 많이 나타나는지, 또 상대적으로 어떤 유형이 많이 나타나는지 알아보고자 하는 것이다.

연구의 목적과 관련하여 다음과 같은 연구문제를 설정하였다.

1) 문제사병에게 있어 MBTI의 4가지 대립되는 선호지표 중에서 더 많이 나타나는 선호지표는 무엇인가?
2) 문제사병에서 있어 MBTI의 16가지 성격유형에서 가장 많이 나타나는 유형은 무엇인가?

## 3. 연구의 제한점

본 연구의 제한점은 다음과 같다.

첫째, 육군교도서의 20세에서 26세의 문제사병만을 대상으로 하고 표집이 적기 때문에 일반적이고 심층적인 결과로 볼 수 없다.

둘째, MBTI에서 나타나는 성격유형과 연령, 학력, 수감 전 계급만을 가지고 조사하여 포괄적인 분석이 어렵다.

---

6) 국방일보, 2000. 10. 14. p.1. p. 8.

7) 김정진, 무사고부대 관리 제언, 육군지 제244호. 2000. pp. 100-105.

셋째, MBTI는 비진단 검사이기 때문에 특정한 진단적 검사에서 밝힐 수 있는 잠재적 문제를 예측하거나 예방하는 데는 어려움이 있다.

# Ⅱ. 이론적 배경

## 1. 융(Jung)의 심리유형론

융의 심리유형론은 의식의 구조와 각 기능의 유형과 그 무의식과의 관계를 설명하는 학설로 비교적 이해가 쉽고 보편회되어 있고 특히 내향적, 외향적이라는 말은 매우 대중화가 되었지만 본래의 뜻이 많이 왜곡되기도 하였다.

이 이론에 의하면 인간의 행동이 다양성으로 인해 종잡을 수 없는 것같이 보여도 사실은 질서정연하고 일관된 경향성이 있다고 하였고, 행동의 다양성은 개인이 인식하고 판단하는 특징이 다르기 때문이라고 하였다. 다시 말해 사람들은 같은 사물을 보아도 서로 다르게 인식하고 판단하는 것이 체계적으로 다르기 때문에 사람마다 반응, 흥미, 가치, 동기 등이 다르다는 것이다. 바로 이러한 인식과 판단의 개인적 차이를 그 사람의 성격유형이라고 하였다.

융의 심리유형론은 심리적 경향의 동적 관계를 파악한 것에 그 특징이 있으며, 심리유형ㅇㄹ 크게 두 가지 측면에서 보았다. 하나는 일반적인 태도상에서 보는 태도유형으로 내향적 태도와 외향적 태도로 구분하였고, 다른 하나는 정신의 각 특수기능을 중심으로 하여 적응과정에서 가장 흔히 쓰이는 분화된 기능에 따라 구분하고 이를 기능유형이라고 하였다. 또 다른 특징은 감각, 직관의 인식기능을 이성적인 고려를 하지 않는 직접적인 인식이라 하여 비합리적 기능으로, 이성적으로 진행되는 사고, 감정의 판단기능을 합리적 기능으로 보고 이 두 기능을 모두 인간의 중요한 정신기능으로 보았다.

일반적인 태도유형은 정신적 에너지의 방향으로 서로 대립적인 것으로, 관심이 주체보다 객체에 있어 외부의 객관적인 기준에 따라 판단하고 행동하는 태도를 외향형이라고 하고 관심이 객체보다 주체에 있어 객관적 상황보다 자기 자신의 주관적 기준에 따라 판단하고 행동하는 태도를 내향형이라고 한다. 태도유형은 집단이나 종족, 시대에 특수한 유형이 아니고 보편적이며, 어렸을 때 이미 본능적으로 구별되는 태어날 때부터 가지고 나온 경향으로 둘 다 중요하며 상호보완적이다라고 하였다.

정신기능은 감각과 직관, 사고와 감정으로 서로 극을 이루어 대립되고 있어 한쪽 기능이 발휘되면 다른 기능은 억제된다. 즉 하나의 기능이 가장 발달하게 되면 반대의 기능은 가장 미분화된 열등기능이 되는 상극관계를 이루게 된다.

감각기능은 물리적 자극이 인식을 매개하는 심리기능이며 의식적인 지각과정이다. 감각이 주로 객체에 의해 결정되고 항상 새롭고 강렬한 감각적 자극을 주는 대상을 향해 반응하고 실제적인 객관적 사물이나 사실이 중요시되면 외향적 감각형, 객관적 자극에 의해 생긴 주관적인 감각부분에 따라 그 행위가 결정되면 내향적 감각형으로 분류한다.

직관기능은 무의식적인 인식을 유도하는 심리기능으로, 육감으로 현상 너머의 가능성과 관계를 파악한다. 객체가 가지고 있는 가능성을 파악하고 그것이 객관세계에서 실현될 수 있는 계기를 만들어 주는 데 비상한 능력을 발휘하면 외향적 직관형, 마음의 깊은 곳에 있는 원시적인 요소들의 변화와 방향을 파악하는 내적 세계에 있는 가능성을 찾으면 내향적 직관형으로 분류한다.

사고기능은 주어진 관념내용을 그 고유의 법칙에 따라 서로 연관시킨ㄴ 정신기능으로 이성에 따라 판단하고 행동한다. 주로 객관적 기준에 따라 진행되는 사고기능은 외향적 사고형, 객관적 사실보다 자기이념이나 관념에 따라 사고하는, 즉 내가 어떻게 생각하느냐가 판단의 기준이 되는 내향적 사고형으로 분류한다.

감정기능은 전적으로 주관적인 과정이며 자신의 주관적인 가치가 판단의 기준이 된다. 객체적 기준인 전통적으로 또는 일반적으로 통용되는 가치에 부합되어 감정 판단의 기준이 되면 외향적 감정형, 내적인 기준에 따라 주체적인 감정 판단을 하며 밖으로 잘 표현되지 않지만 은연중에 타인에게 영향을 주게 되는 내향적 감정형으로 분류한다.

융의 성격유형 발달이론에 의하면 어린아이들은 태어날 때부터 나중에 자신의 성격유형의 바탕이 되는 선천적인 주기능을 사용하면서 점차로 자신의 뚜렷한 성격유형을 발달시켜 나간다. 그러다가 중년기 이후로 넘어가면서 자신의 반대기능을 발달시키는 단계에 접어든다고 한다. 주기능과 반대기능을 두루 발달시키며 원만하게 통합시키는 과정이 개별화 과정이며 인격의 완성으로 보았다.

## 2. MBTI(Myers-Briggs Type Indicator)

MBTI는 융의 심리유형론을 바탕으로 만들어진 검사로 융이 간단히 언급한 인식과 판단 기능이 생활양식이나 이해양식에서 어떻게 나타나는가를 추가해서 만들었다. 이 검사도구는 자신의 타고난 선천적 경향성을 찾을 수 있게 하고, 주기능과 부기능, 3차 기능과 열등기능을 통해 자신을 더 정확하게 이해할 수 있게 하며, 나아가 원만한 조화를 통해 성숙한 인격을 형성하도록 도움을 주는 검사도구이다. MBTI 검사는 4가지 선호지표로 되어 있다. 주의집중과 에어지의 방향을 나타내는 외향성-내향성(Extraversion-Introverstion)의 E-I지표, 정보수집과 인식의 기능을 하는 감각-직관(Sensing-Intuition)의 S-N[8]지표, 수집하고 인식한 정보를 바탕으로 판단하고 의사를 결정하는 기능인 사고-감정[9](Think-Feeling)의 T-F지표, 인식기능과 판단기능이 생활양식으로 나타나는 것을 보여주는 판단[10]-인식(Judging-Perceiving)의 J-P지표로 나누어져 있다. 이 4가지 선호지표의 조합을 통해 16가지의 성격유형을 설명하고 성격적 특성과 행동과의 관계를 이해하도록 돕는 검사도구이다.

### (1) MBTI의 4가지 선호지표와 설명

MBTT의 4가지 선호지표와 설명은 <표 1>, <표 2>와 같다.

<표 1> MBTI의 4가지 선호지표

| 지 표 | 선 호 경 향 | 주요활동 |
|---|---|---|
| 외향 - 내향 | 에너지의 방향은 어느 쪽인가? | 주의초점 |
| 감각 - 직관 | 무엇을 인식하는가? | 인식기능 |
| 사고 - 감정 | 어떻게 결정하는가? | 판단기능 |
| 판단 - 인식 | 채택하는 생활양식은 무엇인가? | 생활양식 |

8) 직관형(intuition)은 내향성의 I와 구별하기 위하여 N으로 구별하여 사용한다.

9) 감정기능(feeling)이란 Emotion을 일컫는 말이 아니고 당신이 사람의 중심에 가칠ㄹ 두고 의사결정을 한다는 개인의 주관적 가치를 뜻한다.

10) 판단기능(Judging)이란 당신이 외부세계에 대해서 구조화된 접근을 선호한다는 의미로 비판, 판단의 개념을 의미하는 것이 아니다.

<표 2> 4가지 선호지표의 설명

| 외향성 (Extraversion) | 내향성 (Introversion) |
|---|---|
| • 폭넓은 대인관계를 유지하며 사교적이고 정열적이고 활동적이다.<br>- 자기외부에 주의집중<br>- 말로 표현<br>- 경험한 다음에 이해<br>- 쉽게 알려짐 | • 깊이 있는 대인관계를 유지하며 조용하고 신중하다.<br>- 자기내부에 주의집중<br>- 글로 표현<br>- 이해한 다음에 경험<br>- 서서히 알려짐 |
| **감각형 (Sensing)** | **직관형 (iNtuition)** |
| • 오감에 의존하고 실제의 경험을 중시하며 지금, 현재에 초점을 맞추고 정확하고 철저하게 일을 처리한다.<br>- 사실적 사건 묘사<br>- 나무를 보는 경향<br>- 가꾸고 추수함 | • 육감 내지 영감에 의존하며 미래지향적으로 가능성과 의미를 추구하며 신속, 비약적으로 일을 처리한다.<br>- 비유적, 암시적 묘사<br>- 숲을 보려는 경향<br>- 씨뿌림 |
| **사고형 (Thinking)** | **감정형 (Feeling)** |
| • 진실과 사실에 주관심을 갖고 논리적이고 분석적이며 객관적으로 판단한다.<br>- 원리와 원칙 중시<br>- 맞다와 틀리다<br>- 규범, 기준의 중시<br>- 지적 논평 | • 사람과의 관계에 주관심을 갖고 상황적이고 포괄적이며 정상을 참작한 설명을 한다.<br>- 의미와 영향<br>- 좋다와 나쁘다<br>- 나에게 주는 의미 중시<br>- 우호적 협조 |
| **판단형 (Judging)** | **인식형 (Perceiving)** |
| • 분명한 목적과 방향이 있으며 기한을 엄수하고 철저히 사전계획하고 체계적이다.<br>- 정리정돈과 계획<br>- 의지적 추진<br>- 신속한 결론<br>- 통제와 조정 | • 목적과 방향은 변화 가능하고 상황에 따라 일정이 달라지며 자율적이고 융통성이 있다.<br>- 상황에 맞추는 개방성<br>- 이해로 수용<br>- 유유자적한 과정<br>- 융통과 적응 |

### (2) 16가지 성격유형의 설명

융의 심리유형론에서 설명하는 기능적 측면에서 그 특징을 살펴보면 <표 3>과 같다.

<표 3> 16가지 성격유형의 설명

| ISTJ | ISFJ | INFJ | INFJ |
|---|---|---|---|
| 내향성 감각형<br>신중하고 조용하며 집중력이 강하고 매사에 철저하며 사리분별력이 뛰어나다 | 내향성 감각형<br>조용하고 차분하며 친근하고 책임감이 있으며 헌신적이다. | 내향성 직관형<br>인내심이 많고 통찰력과 직관력이 뛰어나며 양심적이고 화합을 추구한다. | 내향적 직관형<br>사고가 독창적이며 창의력과 비판 분석력이 뛰어나며 내적 신념이 강하다. |
| **ISTP** | **ISFP** | **INFP** | **INTP** |
| 내향성 사고형<br>조용하고 과묵하고 절제된 호기심으로 인생을 관찰하며 상황을 파악하는데 민감하다. | 내향성 감정형<br>말없이 다정하고 온화함 친절하고 연기력이 뛰어나며 겸손하다. | 내향성 감정형<br>정열적이고 충실하며 목가적이고 낭만적이며 내적 신념이 강하다. | 내향성 사고형<br>조용하고 과묵함 논리와 분석으로 문제를 해결하기를 좋아한다. |
| **ESTP** | **ESFP** | **ENFP** | **ENTP** |
| 외향성 감각형<br>현실적인 문제해결에 능하며 적응력이 강하고 관용적이다. | 외향성 감각형<br>사교적이고 활동적이며 수용적이고 친절하며 낙천적이다. | 외향성 직관형<br>따뜻하고 정열적이고 활기에 넘치며 재능이 많고 상상력이 풍부하다. | 외향성 직관형<br>민첩하고 독창적이며 안목이 넓으며 다방면에 관심과 재능이 많다. |
| **ESTJ** | **ESFJ** | **ENFJ** | **ENTJ** |
| 외향성 사고형<br>구체적이고 현실적이며 사실적으로 활동을 조직화하고 주도해 나가는 지도력이 있다. | 외향성 감정형<br>마음이 따뜻하고 이야기하기를 좋아하고 양심이 바르고 인화를 잘 이룬다. | 외향성 감정형<br>따뜻하고 적극적이며 책임감이 강하고 사교성이 풍부하고 동정심이 많다. | 외향성 사고형<br>열성이 많고 솔직하고 단호함 지도력과 통솔력이 있다. |

### (3) 주기능, 보조기능, 3차기능, 열등기능의 역동성

각 유형에는 주기능, 부기능, 3차기능, 열등기능이 있으며 주기능과 부기능은 서로 다른 방향으로 일반적 태도를 가지고 있어서 적응을 하는데 균형을 이루도록 한다.

4개의 선호지표에서 한쪽이 잘 발달하면 반대쪽인 미분화한 채로 남아있게 되므로 가장 발달한 주기능의 반대기능이 열등기능이 되고, 부기능의 반대기능이 3차기능이 된다. 16가지 성격유형 모두 4가지의 정신기능이 역동적으로 상호작용하여 성격의 독특성을 이루게 되는데 이러한 역동적 상호작용이 원만히 이루어지지 않을 때 개인은 적응에 어려움을 겪게 되는 것이다. 성격유형별 주기능, 부기능, 3차기능, 열등기능은 <표 4>와 같다.

<표 4> 성격유형별 주기능, 부기능, 3차기능, 열등기능

| 구 분 | 융의 8가지 유형 | 주기능 | 부기능 | 3차기능 | 열등기능 |
|---|---|---|---|---|---|
| ISTJ | 내향성 감각형 | S | T | F | N |
| ISFJ | | | F | T | |
| ESFP | 외향성 감각형 | | F | T | |
| ESTP | | | T | F | |
| INTJ | 내향성 직관형 | N | T | F | S |
| INFJ | | | F | T | |
| ENFP | 외향성 직관형 | | F | T | |
| ENTP | | | T | F | |
| ISTP | 내향성 사고형 | T | S | N | F |
| INTP | | | N | S | |
| ESTJ | 외향성 사고형 | | S | N | |
| ENTJ | | | N | S | |
| ISFP | 내향성 감정형 | F | S | N | T |
| INFP | | | N | S | |
| ESFJ | 외향성 감정형 | | S | N | |
| ENFJ | | | N | S | |

### (4) 성격유형의 발달과 부적응

융은 인격의 완성을 의식과 무의식의 통합을 통한 원만성이라고 보았다. 따라서 주기능, 부기능, 3차기능과 열등기능의 조화로운 개발을 통해 필요한 상황에서는 열등기능도 능숙하게 사용할 수 있도록 하는 것이 중요하다. 그러나 주기능만 일방적으로 발달하거나 주기능이 미분화되어 다른 기능과 혼란한 상태에 놓이게 되면 기능들이 미성숙하게 표현되어 부적응을 일으키기도 한다. 각 선호기능의 부적응적 표현을 살펴보

면 다음과 같다.[11)]

① 내향성이 발달하지 않은 외향성은 외부세계에 지나치게 의존해 생각없이 행동해 버릴 위험이 있다.

② 외향적인 태도와 균형을 이루지 못한 내향성은 자신의 내면세계에 너무 몰입해 외부세계에 적응하는 일을 힘들어 하고 비효율적이 되기 쉽다.

③ 감각기능에 너무 의존하는 감각형의 경우는 현재의 상태를 영구적인 것이나 주어진 것으로 보는 경향이 있어 대안이나 가능성을 형성하기 위해 직관기능을 개발해야 한다.

④ 직관형인 경우 구체적인 사실과 제한점을 간과하거나 과소평가하기 쉬우므로 가능성을 현실화하기 위한 실제적인 일의 단계를 고려하도록 감각기능을 개발해야 한다.

⑤ 정신기능을 적절히 사용하지 못하는 사고형은 자신의 행동에 대한 결과는 간과하고 타인의 행동에만 관심을 두게 되어 타인을 비난하고 비판하며 회의적이 되는 경향이 있다.

⑥ 자신의 기능ㅇㄹ 적절히 사용하지 못하는 감정형의 경우엔ㄴ 자신의 가치와 충돌하는 불쾌한 사실을 무시하고 외면해 버리는 경향이 있고 자신의 가치를 발견하기보다는 타인에게 의존적이 되며 온화한 논평조차 심한 비평으로 받아들일 수 있다. 또 이들은 냉소주의적이 되거나 부정적인 가치에 집중하여 타인의 마음을 다치게 할 수도 있다.

⑦ 인식형의 기능을 잘 사용하지 못하는 판단형의 경우에는 생활의 변화에 적응하는 것에 스트레스를 느끼고 통제력을 상실할까봐 두려워한다. 상황을 인식하기보다 결정하기를 선호하는 판단형들은 때때로 속단하는 경우가 있어 편견에 빠지기 쉽다. 따라서 타인을 이해하기 위해 인식기능을 사용하는 전략을 학습할 필요가 있다.

⑧ 판단하고 결정하기 싫어하는 인식형은 일상적인 일조차 미루는 경향이 있고 약간의 구조도 부당한 제약으로 받아들일 수 있다. 타인들에게는 무책임하게 보이는 행동들도 이들에게는 자유의 가치로운 행사로 여겨진다. 이들은 생활을 구조화하고 시간을 관리하는 판단형의 기술을 배울 필요가 있고 결정을 막는 장애를 극복하기 위해 검토하도록 격려가 필요하다.

---

11) 고숙경, MBTI에 나타난 성격유형과 잠재적 비행경향과의 관계, 석사학위 청구논문, (부산 : 부산대학교 대학원, 1994), pp. 19-22.

또한 각 유형에서 주의하고 개발해야 할 점에 대해서는 MBTI의 16가지 성격유형의 특성에 제시되어 있다.

## 3. 선행연구 고찰

MBTI를 이용하여 범죄, 비행과 관련된 연구들을 살펴보면 다음과 같다. 리핀(Lippin, 1991)은 감옥에 수감된 재소자들 중에서, 약물범죄자들은 E-I지표에서는 E성향이 많았고 그 외 대부분은 I성향이었다고 하며, N-S지표에서는 S성향이 더 많이 나타났고 폭력범죄자에서는 T성향이 많았다고 하였다.

루자더(Luzader, 1984)는 학교의 부적응 학생을 대상으로 한 연구에서 ISTP, ESTP, ISFP, ENTP의 4가지 유형이 많이 도출되었는데 P성향을 모두 가지고 있었다. 또한 IP, EP, SP가 공통적으로 많이 나왔다고 한다. 고숙경(1994)은 E, F, P지표가 잠재적 비행경향성에서 높게 나타나고, S-N지표는 비행경향성에 별다른 영향을 미치지 않지만 J-P지표는 영향을 많이 미친다고 하였다. 특히 16가지 성격유형에 있어서든 ESTP와 ESFP가 다른 유형과 큰 차이를 보이며 잠재적 비행경향성을 보였고, ISTP, ISFP, ESFJ, ENFP, INTP도 다른 유형에 비해 높은 잠재적 비행경향성을 보였다.

# Ⅲ. 연구방법

## 1. 연구대상

본 연구대상자는 1999년 6월에서 1999년 12월까지 육군교도소에 수감되어 있는 재소자들이다. 검사대상자는 모두 117명이었으나 사병이 아닌 자와 검사에 불성실하게 답한 12명을 제외하여 최종 연구대상자는 105명이다. 연구대상자의 기초통계자료는 <표 5>와 같다.

<표 5>를 살펴보면 연령은 22세가 40.00%로 가장 많고, 21세가 31.43%로 그 다음이며 23세, 24세, 25세, 20세, 26세 순으로 나타났다. 학력ㅇㄴ 고졸이 51.43%로 가장 많고, 고퇴는 25.71%로 그 다음이며, 대재, 대졸순으로 나타났는데, 특히 고졸이하가 전체의 77.14%를 차지하는 것으로 볼 때 지휘관의 관심이 필요한 것으로 보여진다. 수감 전 계급은 이병이 41.90%로 가장 많고, 일병이 36.19%로 그 다음이며 상병, 병

장순으로 나타나 입대해서 새로운 환경에 잘 적응하고 심리적인 갈등이나 어려움을 이겨 나갈 수 있는 주위의 세심한 밸가 필요하다고 보여진다.

<표 5> 연구 대상자의 기초통계자료

| 구 분 | | 빈 도 | 퍼센트 |
|---|---|---|---|
| 연 령 | 20세 | 3 | 2.86 |
| | 21세 | 33 | 31.43 |
| | 22세 | 42 | 40.00 |
| | 23세 | 17 | 16.19 |
| | 24세 | 6 | 5.71 |
| | 25세 | 3 | 2.86 |
| | 26세 | 1 | 0.95 |
| 학 력 | 고퇴 | 27 | 25.71 |
| | 고졸 | 54 | 51.43 |
| | 대재 | 22 | 20.95 |
| | 대졸 | 2 | 1.90 |
| 전 계 급 | 이병 | 44 | 41.90 |
| | 일병 | 38 | 36.19 |
| | 상병 | 20 | 19.05 |
| | 병장 | 3 | 2.86 |

## 2. 연구도구

본 연구에 사용된 검사도구는 문제사병에서 많이 나타나는 성격유형이 무엇인지를 알아보기 위해서 융의 심리유형을 바탕으로 만든 MBTI를 사용하였다. 이 검사도구는 대표적인 가지보고식의 비진단적 검사로 심혜숙, 김정택(1990)에 의해 신뢰도와 타당도가 검증되고 표준화되었다. 한국어판 신뢰도는 E-I지표는 .77, S-N지표는 .81, T-F지표는 .78, J-P지표는 .82로 높게 나왔다. 또 한국어판과 영어판의 구성타당도는 E-I지표는 .91, S-N지표는 .90, T-F지표는 .90, J-P지표는 .91로 나타났다.

현재 쓰이고 있는 한국어판 검사도구는 95문항으로 되어있고, 자가채점식인 GS형을 사용하였다.

## 3. 연구절차

본 검사는 본 연구자가 MBTI 일반강사인 공동연구자의 협조를 얻어 실시하였다. 검사를 실시할 때 비밀을 보장할 것을 약속하고 자연스러운 경향을 솔직하고 성실하게 반응하도록 요청하였다.

## 4. 자료의 분석

MBTI를 실시하여 얻은 자료는 SPSSWIN 통계 프로그램을 이용하여 빈도분석, t검증과 상관관계를 구하였다.

# Ⅳ. 결과 및 해석

## 1. 4가지 선호지표

문제사병에게서는 4가지 선호유형 중에서 어떤 지표가 많이 차지하는지를 알아보기 위해 빈도분석을 하였다. 그 결과는 <표 6>과 같다.

<표 6> 4가지 선호지표의 결과

| 지 표 | 구 분 | 명 수 | 퍼센트 |
|---|---|---|---|
| 외향 - 내향 | E | 44 | 41.90 |
| | I | 61 | 58.10 |
| 감각 - 직관 | S | 75 | 71.43 |
| | N | 30 | 28.57 |
| 사고 - 감정 | T | 67 | 63.81 |
| | F | 38 | 36.19 |
| 판단 - 인식 | J | 36 | 34.29 |
| | P | 69 | 65.71 |

<표 6>에 의하면 4가지 선호지표에 있어서 서로 양극에 대립해 있는 선호지표들 간에 어느 쪽이 더 많이 나타나는지 알 수 있다. E-I지표에 있어서는 외향형은 41.90%이고 내향형은 58.10%로 나타나 내향형이 외향형보다 조금 더 많은 비중을 차지하는 것으로 나타났다. S-N지표에 있어서는 감각형이 71.43%이고 직관형이 28.57%로 나타나 감각형이 직관형보다 매우 많은 비중을 차지하는 것으로 나타났다. T-F지표에 있어서는 사고형이 63.81%이고 감정형이 36.19%로 나타나 사고형이 감정형보다 많은 비중을 차지하는 것으로 나타났다. 마지막으로 J-P지표에 있어서는 판단형이 34.29%이고 인식형이 65.71%로 나타나 인식형이 판단형보다 많은 비중을 차지하는 것으로 나타났다. 따라서 4가지 선호지표 중에서 I, S, T, P 지표가 더 많이 나타나는 것을 알 수 있다.

또 집단간의 확실한 차이가 있는지를 알아보기 위하여 4가지 지표별로 집단의 평균과 표준편차를 산출하고 그 평균차의 유의도 검증을 실시하였다. 그 결과는 <표 7>과 같다.

<표 7> 4가지 지표별 집단간의 t검증의 결과

| 지표 | 구분 | 총 점 | 평 균 | 표준편차 | t값 | 유의수준 |
|---|---|---|---|---|---|---|
| 외향-내향 | E | 824 | 18.73 | 12.48 | -2.07* | p<.05 |
| | I | 1.477 | 24.21 | 14.69 | | |
| 감각-직관 | S | 1.981 | 26.41 | 14.63 | 6.38*** | p<.001 |
| | N | 326 | 10.87 | 9.61 | | |
| 사고-감정 | T | 1.223 | 18.25 | 18.25 | 3.76*** | p<.001 |
| | F | 432 | 11.37 | 11.36 | | |
| 판단-인식 | J | 646 | 17.94 | 17.94 | -3.88*** | p<.001 |
| | P | 1.955 | 28.33 | 28.33 | | |

<표 7>에 의하면 E-I지표에 있어서 외향성 집단(M=18.76)과 내향성 집단(M=24.21)간에는 유의한 차이를 보이고 있고(t=2.07, p<.05), S-N지표에 있어서도 감각형 집단(M=26.41)과 직관형 집단(M=9.61)간에는 유의한 차이를 보이고 있다(t=6.38, p<.001). 또한 T-F지표에 있어서 사고형 집단(M=18.25)과 감정형 집단(M=11.36)간에는 유의한 차이를 보이고 있고(t=3.76, p<.001), J-P지표에서도 판단형 집단(M=17.94)과 인식형 집단(M=28.33)간에 유의한 차이를 보이고 있다(t=3.88, p<.001). 따라서 문제사병에 있어서 내향성이 외향성보다, 감각형이 직관형보다, 사고형이 감정형보다, 인식형 집단이 판단형보다 상대적으로 더 많이 나타나고 있다고 볼 수 있다.

## 2. 16가지 성격유형의 분포

문제사병에게서 나타난 MBTI의 16가지 성격유형의 분포는 다음의 <표 8>과 같다.

<표 8> 유형별 분포

| 구 분 | | 감 각 형 | | 직 관 형 | |
|---|---|---|---|---|---|
| | | 사고형 | 감정형 | 감정형 | 사고형 |
| 내향성 | 판단형 | ISTJ<br>N = 14<br>% = 13.33 | ISFJ<br>N = 1<br>% = 0.95 | INFJ<br>N = 2<br>% = 1.90 | INTJ<br>N = 2<br>% = 1.90 |
| | 인식형 | ISTP<br>N = 14<br>% = 13.33 | ISFP<br>N = 11<br>% = 10.48 | INFP<br>N = 10<br>% = 9.52 | INTP<br>N = 7<br>% = 6.66 |
| 외향성 | 인식형 | ESTP<br>N = 17<br>% = 16.19 | ESFP<br>N = 5<br>% = 4.76 | ENFP<br>N = 3<br>% = 2.85 | ENTP<br>N = 2<br>% = 1.90 |
| | 판단형 | ESTJ<br>N = 9<br>% = 8.57 | ESFJ<br>N = 4<br>% = 3.80 | ENFJ<br>N = 2<br>% = 1.90 | ENTJ<br>N = 2<br>% = 1.90 |

<표 8>에 의하면 문제사병에게 있어서 16가지의 유형이 모두 나타났다. 그 중에서 ESTP가 17명으로 16.19%를 차지해 가장 높은 것으로 나타났다. 그 다음으로 ISTJ와 ISTP가 각각 14명으로 13.33%를 차지하였고, ISFP가 11명인 10.48%로, INFP가 10명인 9.52%로, ESTJ가 9명인 8.57로 INTP가 7명인 6.66%로 나타났다. 그리고 나머지 9가지 유형은 5% 미만으로 나타났는데, 그중에서 ISFJ가 1명이 0.95%로 가장 낮게 나타났다.

일반적 태도유형과 정신기능 중에서 비합리적 기능인 감각과 직관형을 조합해 살펴보면 <표 9>와 같다.

<표 9> 내향-외향과 감각-직관형의 조합별 분포

| 구 분 | 감 각 형 | | 직 관 형 | |
|---|---|---|---|---|
| 내 향 형 | IS** | | IN** | |
| | N = 40 | % = 38.10 | N = 21 | % = 20.00 |
| 외 향 형 | ES** | | EN** | |
| | N = 35 | % = 33.33 | N = 9 | % = 8.57 |

<표 9>에 의하면 외향적 감각형(ES**)은 모두 35명인 33.33%로, 내향적 감각형(IS**)은 40명인 38.10%로, 외향적 직관형(EN**)은 9명인 8.57%로, 내향적 직관형(IN**)은 21명인 20.00%로 나타나 내향적 감각형이 조금 높은 것으로 나타났다.

일반적인 태도 유형과 정신기능 중 합리적인 기능인 사고와 감정형을 조합해 알아보면 <표 10>과 같다.

<표 10> 내향-외향과 사고-감정형의 조합별 분포

| 구 분 | 사 고 형 | 감 정 형 | | 사 고 형 |
|---|---|---|---|---|
| 내 향 형 | I*T* | I*F* | | N=37 |
| | | N = 24 | % = 22.86 | %=35.24 |
| 외 향 형 | E*T* | E*F* | | N=30 |
| | | N = 14 | % = 13.33 | %=28.57 |

<표 10>에 의하면 외향적 사고형(E*T*_은 30명인 28.57%로, 내향적 사고형(I*T*)은 37명인 35.24%로, 외향적 감정형(E*F*)은 14명인 13.33%로, 내향적 감정형(I*F*)은 24명인 22.86%로 나타나 내향적 사고형이 조금 높은 것으로 나타났다.

마지막으로 일반적인 태도와 이해양식이나 생활양식에서 나타나는 판단형과 인식형의 조합을 알아보면 <표 11>과 같다.

<표 11> 내향-외향과 판단-인식형의 조합별 분포

| 구 분 | | 감 각 형 | | 직 관 형 |
|---|---|---|---|---|
| 내 향 형 | 판 단 형 | I**J | N=19 | %=18.10 |
| | 인 식 형 | I**P | N=42 | %=40.00 |
| 외 향 형 | 인 식 형 | E**P | N=27 | %=25.71 |
| | 판 단 형 | E**J | N=17 | %=16.19 |

<표 11>에 의하면 외향적 판단형(E**J)은 17명인 16.19%로, 내향적 판단형(I**J)은 19명인 18.10%로, 외향적 인식형(E**P)은 27명인 25.71%로, 내향적 인식형(I**P)은 42명인 40.00%로 나타나 내향적 인식형이 조금 높은 것으로 나타났다.

융은 합리적인 기능과 비합리적인 기능을 모두 정신기능(마음의 기능)으로 포함시켰는데, 기능적 분류는 정신기능의 조합을 중심으로 행동표현 이전의 마음속의 움직임이나 역동성을 의미하는데 속마음이라고 볼 수 있다. 마음의 역동을 중심으로 한 기능적 분류를 살펴보면 <표 12>와 같다.

<표 12> 기능적 분류 분포

| 구 분 | 감 각 형 | | 직 관 형 | |
|---|---|---|---|---|
| | 사 고 형 | 감 정 형 | 감 정 형 | 사 고 형 |
| 내 향 형 | *ST* | *SF* | *NF* | *NT* |
| 외 향 형 | N=54<br>%=51.43 | N=21<br>%=20.00 | N=17<br>%=16.19 | N=13<br>%=12.38 |

<표 12>에 의하면 ST는 54명인 51.43%로, SF는 21명인 20.00%로, NT는 13명인 12.38%로, NF는 17명인 16.19%로 나타나 ST가 가장 높은 것으로 나타났다.

반면에 여러 행동 속에 내재화된 경향이나 패턴의 일관성으로 가시화되어 나타나는 겉태도라고 볼 수 있는 기질적인 분류가 있는데 <표 13>과 같다.

<표 13> 기질적 분류

<table>
<tr><td colspan="2" rowspan="2">구 분</td><td colspan="2">감 각 형</td><td colspan="2">직 관 형</td></tr>
<tr><td>사고형</td><td>감정형</td><td>감정형</td><td>사고형</td></tr>
<tr><td rowspan="2">내향형</td><td>판단형</td><td colspan="2">*S*J</td><td rowspan="2">*NF*</td><td rowspan="2">*NT*</td></tr>
<tr><td>인식형</td><td>*S*P</td><td></td></tr>
<tr><td rowspan="2">외향형</td><td>인식형</td><td>N=47</td><td>%=44.76</td><td rowspan="2">N=17<br>%=16.19</td><td rowspan="2">N=13<br>%=12.38</td></tr>
<tr><td>판단형</td><td colspan="2">N= 28 %=26.67</td></tr>
</table>

<표 13>에 의하면 NT는 13명인 12.38%로, NF는 17명인 16.19%로, SJ는 28명인 26.67%로, SP는 47명인 44.76%로 나타나 SP가 가장 높게 나타났다.

## 3. 4가지 선호지표와 연령, 학력, 전 계급과의 상관관계

연구대상자의 기초적 배경자료인 연령, 학력, 전 계급과 4가지 선호지표와의 상관관계를 살펴보면 <표 14>와 같다.

<표 14>에 의하면 연령과 수감 전 계급, 학력과 수감 전 계급, 학력과 J-P지표, S-N과 J-P지표가 $p<.05$ 수준에서 유의한 상관이 있는 것으로 나타났다. 연령과 수감 전 계급과는 유의한 상관이 있는데(r=.248), 이는 연령이 많을수록 수감 전 계급이 높다고 볼 수 있다. 학력과 수감 전 계급이 유의한 상관이 있는데(r=-.224), 이는 학력이 낮을수록 수감 전 계급이 높은 것으로 보여진다. 아마도 최근에 들어오는 사병들이 평균 학력이 더 높아진 것으로 추측할 수 있다. 또 학력과 J-P지표와 유의한 상관이 있는데(r=-.201), 이는 학력이 높을수록 J성향이 나타난다고 볼 수 있다. 이것은 학력이 높은 사병이 그렇지 않은 사병에 비해서 목적과 방향이 분명하고 계획적이며 의지가 있고 적당한 통제와 조정을 잘 하기 때문인 것 같다. S-N과 J-P지표에 있어서도 유의한 상관이 있는 것으로 나타났는데(r=.204), 이는 S성향일수록 J성향이 많다고 볼 수 있다. 다시 말해 감각에 의존하고 실제의 경험을 중요시하며, 현재에 초점을 맞추는 사병일수록 목적과 방향이 있고 체계적이며 계획을 잘하고 결론을 신속하게 내리는 경향이 있는 것 같다.

<표 14> 연령, 학력, 전 계급과 4가지 선호지표와의 상관관계(N=105)

| | 연령 | 학력 | 전 계급 | E-I | S-N | T-F | J-P |
|---|---|---|---|---|---|---|---|
| 연령 | | | | | | | |
| 학력 | .175 | | | | | | |
| 전 계급 | .248* | -.224* | | | | | |
| E-I | -.073 | .044 | -.155 | | | | |
| S-N | -.159 | .081 | -.108 | .180 | | | |
| T-F | .298** | -.125 | -.183 | .088 | .358** | | |
| J-P | -.106 | -201* | .095 | .058 | .204* | .308** | |

*p<.05  **p<.01

연령과 T-F지표, S-N과 T-F, T-F와 J-P지표는 p<.01 수준에서 유의한 상관이 있는 것으로 나타났다. 연령과 T-F지표는 유의한 상관이 있는데(r=.298), 이는 연령이 낮을수록T성향이라고 볼 수 있다. S-N과 T-F와도 유의한 상관이 있는데(r=.358), 이는 S성향일수록 T성향이 있다고 할 수 있다. 마지막으로 T-F와 J-P가 유의한 상관이 있는데(r=.308), 이는 T성향일수록 J성향이 있는 것으로 보여진다.

# Ⅴ. 논의 및 결론

본 연구에서 나타난 연구결과를 선행연구와 관련지어 논의하면 다음과 같다.

첫째, 4가지 선호지표에 있어서는 E-I지표에서는 I성향이, S-N지표에서는 S성향이, T-F지표에서는 T성향이, J-P지표에서는 P성향이 더 높게 나타났다. 이것은 리핀(1990)과 프로보스트(1985, 1991)의 연구와 일치하는 결과를 보였다. 그러나 고숙경(1994)의 연구와는 P성향에서만 일치를 보였는데, 이는 연구대상이 실업계 고등학교의 여학생으로 실제 범죄나 비행을 저지른 대상자가 아니기 때문에 결과가 다르게 나타났을 수도 있다고 보여진다. 그러나 모두의 연구에서 볼 때 P성향은 범죄, 비행, 부적응과 매우 밀접한 관계가 있는 것을 알 수 있다. P성향의 특징이 틀에 얽매이는 것을 싫어하고 느긋하며 상황에 개방적으로 대처하고 융통적이고 변화무쌍하고 임기응변적인 소질이 다분한 것으로 볼 때 범죄나 부적응자의 특성과 비슷한 경향이 있는 것으로 볼 수 있다.

둘째로, 16가지 성격유형에서 볼 때, 가장 많이 나타난 유형이 ESTP이고, 그 다음은 ISTJ, ISTP, ISFP, INFP, ESTJ순이고, 16가지 유형이 모두 나타났다. 김정택, 심혜숙, 제석봉의 연구(1995)에서 보면 우리나라의 일반인 전체, 일반인 남자, 대학생 전체, 대학생 남자에서는 ISTJ, ESTJ, ISFJ, ISTP 순으로 나타났는데, 이것과 비교할 때 ESTP가 가장 높게 나타나는 것은 특이할 만한 사실이다.

특히 ESTP는 주기능이 감각, 보조기능이 사고, 3차기능이 감정, 열등기능이 직관으로서 경험에 개방적이고 선입관을 가지고 사물이나 사건을 대하지 않는다. 특별한 규범이나 규칙에 얽매이기보다는 현재 상황에 맞추어 가며 감각에 새로운 것은 무엇이나 호기심도 많고 삶을 즐기는 편이다. 인간적인 가치나 정보다는 논리적 분석을 중시하고 직접적 체험을 통해서 많이 배우고 물질적 풍요를 누리는 일에 관심이 많다. 그런 반면에 끈기와 인내가 필요하며, 즉흥적인 행동에 지나치게 의존하여 사전계획 없이 바로 문제에 뛰어드는 경향이 있고 일을 벌이기는 하나 마무리짓는 습관도 부족하고 지나치게 물질적인 것에 집착해 정신적인 면을 등한시하기 쉽고 신념이 결여되어 있다고 볼 수 있다. 따라서 군재소자들 중에서 ESTP유형이 가장 많이 나타났다는 것은 범죄를 저지른 동기가 통제, 획일과 업무 등의 병영생활과 관련이 많다는 분석을 가능하게 한다.

셋째, 정신기능의 조합으로 속마음을 나타내는 기능적 분류에서는 ST가 가장 많이 나타났다. 이는 문제 사병들에게 매우 실제적이고 사실적이며 정의감, 전통, 위계질서 등을 중시하는 보수적 경향이 있다고 보여진다. 지속적인 스트레스를 받으면 날카로운 비판이나 비꼬는 말투를 사용하고 매우 사무적이 된다. 또한 남의 감정이나 기분을 잘 인정하지 못하고 대인관계에 있어서 냉정한 경향이 있다고 할 수 있다.

또 패턴화된 경향이 겉으로 드러나는 기질적 분류에서는 SP가 가장 많이 나타났다. 이는 문제사병들에게 순진함도 있으나 임기응변적이나 자유분방하고 독립적이며 속박을 싫어하는 경향이 있다고 보여진다. 이 기질의 특징은 변화가 없는 상황에 못 견뎌하고 없어도 화려함을 꿈꾸고 쉽게 관계를 맺고 쉽게 이별을 하기도 하며 조금 덤벙거리고 준비가 없어 사고경향성도 높은 편이다. 특히 10대에 문제청소년에게 많이 나타나는 것으로 보아 문제사병과 관련이 높은 것으로 보여진다.

넷째, 일반적 태도유형과 정신기능의 조합으로 볼 때, IS, IT, IP가 많이 나타났다. IS는 세부적이고 치밀하며 구체적이고 사려가 깊은 현실형이지만 상황의 세부적 포착에 민감하다. IT는 자기 표현이 없고 싫고 좋은 것을 표현하지 않지만 끊고 맺는 것이 분명하고 아무말이 없으면 은근히 긴장이 조성되는 형이다. IP는 사소한 일에 잘 순응하나 내면적 신념형으로 겉으로는 무난해 보이나 결정적일 때 단호하다.

다섯째, 4가지 선호지표와 연령, 학력, 입소 전 계급과의 상관관계에서는 부분적으로 유의한 상관이 있는 것으로 나타났다. 연령과 수감 전 계급이 유의한 상관이 있으므로 연령이 많을수록 수감 전 계급이 높다고 볼 수 있다. 학력과 수감 전 계급이 유의한 상관이 있어 학력이 낮을수록 수감 전 계급이 높은 것으로 보여진다. 아마도 최근에 들어오는 사병들이 평균 학력이 더 높아진 것으로 추측할 수 있다. 또 학력과 J-P지표와 유의한 상관이 있어 학력이 높을수록 J성향이 나타난다고 볼 수 있다. 이것은 학력이 높은 사병이 그렇지 않은 사병에 비해서 목적과 방향이 분명하고 계획적이며 의지가 있고 적당한 통제와 조정을 잘 하기 때문인 것 같다. S-N지표와 J-P지표도 유의한 상관이 있어 S성향일수록 J성향이 많다고 볼 수 있다. 이는 감각에 의존하고 실제의 경험을 중요시하며, 현재에 초점을 맞추는 사병일수록 목적과 방향이 있고 체계적이며 계획을 잘하고 결론을 신속하게 내리는 경향이 있는 것 같다.

연령과 T-F지표는 유의한 상관이 있어 연령이 낮을수록 T성향이라고 볼 수 있다. 이는 신세대일수록 진실과 사실을 중시하고 논리적이며 따지기를 좋아하고 기준을 중시하며 객관적으로 판단하고 결정하기 때문에 사람이나 관계, 의미에 관심을 덜 갖는 것으로 보여진다. S-N지표와 T-F지표도 유의한 상관이 있어 S성향일수록 T성향이 있다고 할 수 있다. 이는 오감에 의존하고 사실과 현재에 초점을 두고 세부적인 사병일수록 객관적인 기준에 근거해 원리원칙을 따지고 분석하는 경향이 있는 것으로 보여진다. 마지막으로 T-F와 J-P가 유의한 상관이 있어 T성향일수록 J성향이 있는 것으로 보여진다. 이는 진실과 사실에 주관심을 갖고 객관적으로 판단 결정하며 사전계획에 철저하고 체계적이고 자기의사가 분명한 것으로 나타났다.

여섯째, MBTI는 자기보고식 비진단 검사로 선천적인 선호경향을 알아보는 검사이지만 후천적인 요인이나 환경적인 요인으로 인해 거짓유형이나 변조유형으로 살면서 심리적인 갈등이나 부자연스러움을 느끼는지 관심을 가져야 하겠다. 또한 그들을 고정적인 성격유형의 틀에 가두고 낙인을 찍어 색안경을 끼고 볼 것이 아니라 그들의 주기능과 부기능이 조화롭게 성숙이 될 수 있도록 함과 동시에 자신들의 3차기능과 열등기능을 개발할 수 있도록 돕는 것이 필요하겠다. 그래서 정지된 틀 속에 머무르지 않고 자신을 개별화시키고 통합할 수 있도록 도와 주어야 하겠다.

# Ⅵ. 제 언

본 연구는 문제사병에게서 많이 나타나는 선호지표와 성격유형을 빈도분석과 상관관계로 알아보았다. 그러나 문제사병을 중신으로 한 연구로 일반적 경향을 알아보기에 무리가 있어 더 많은 표집과 더불어 일반사병과의 비교연구 등의 후속연구가 필요하다. 또 인구통계학적인 변인들이나 환경적인 요인, 범죄유형, 다른 검사와의 관련성 등이 다각적으로 연구되어야 하겠다.

또, 문제사병들이 자신을 이해할 수 있는 기회를 주어 자신을 성숙하게 가꾸어 나갈 수 있도록 하는 제도적인 장치가 마련되어야 하겠다. 문제사병이나 일반사병들이 자신을 이해하고 더욱 성숙한 인격을 지닐 수 있도록 도와줄 수 있는 프로그램 등이 필요하다. 실례로 지난해 어느 군부대에서 자실을 기도했던 병사를 MBTI검사와 또 이와 병행한 상담을 통해, 자살의지를 없애 주고 오히려 군생활에 적극적으로 임하도록 선도했던 일이 있은 이후 부대에서는 지속적으로 MBTI 상담기법을 활용하여 많은 장병들에게 긍정적인 자아발견과 타인에 대한 이해심을 갖게 함으로써 무형전투력을 극대화시키는 활동을 추진하고 있다. 이와 같이 군대라는 특수한 환경 속에서 겪을 수 있는 갈등이나 어려움을 지닌 장병들에게 실제적인 상담이나 다양한 프로그램을 적용하여 무사고 부대육성과 무형전투력 보전에 더 한층 기여하였으면 한다.

# 참고문헌

고숙경(1994). MBTI에 나타난 성격유형과 잠재적 비행과의 관계. 부산대학교 대학원 석사학위 논문.

김정택, 심혜숙, 제석봉(1995). MBTI 개발과 활용. 한국심리검사연구소.

김정택, 심혜숙(1999). 16가지 성격유형의 특성. 한국심리검사연구소.

심혜숙, 김정택(1999). MBTI 성장 프로그램 지도자 안내서(Ⅰ, Ⅱ). 한국심리검사연구소.

심혜숙, 임승환 역(1997). 성격유형과 삶의 양식. 한국심리검사연구소.

이부영(1998). 분석심리학. 일조각.

국방일보, 2000. 10. 14일자

김정진(2000). 무사고부대 육성 관리 제언, 육군지, 244, pp.100-105.

Komisin, L. K.(1992). Personality Type and Suicidal Behaviors in College Student. *Journal of Psychological Type*, 24, 24-32.

Lippin, L. B.(1990). Personality Types or Women in Prison. *Journal of Psychological Type*, 19, 3-12.

Luzader, M.(1984). Chemical Dependency and Type. *Journal of Psychological Type,* 8, 59-64.

Provost, J. A.(1985). Tracking Freshman Difficulties In the Class of 1990. *Journal of Psychological Type*, 21. 35-39.

<논문 2>

# MBTI 자기성장 집단상담 프로그램이 장병들의 범죄예방에 미치는 효과

본 연구는 자기성장 집단상담 프로그램이 군 장병들의 범죄예방에 미치는 효과에 대해 알아보았다. 본 연구의 조사대상자는 제 00 부대에서 군복무를 하고 있는 장병 45명이다. MBTI를 적용한 자기성장 집단상담 프로그램을 구안하여 2002년 5월 10일부터 6월 1일까지 9회기 24시간에 걸쳐 프로그램을 실시하였다. 자기성장 집단상담 프로그램이 범죄를 저지르게 되는 원인적인 대인간 갈등해결방식에 미치는 효과를 알아보기 위해 Sternberg 와 Dobson(1987)의 대인간 갈등해결방식을 사전·사후검사로 실시하여 프로그램 처치 전과 처치 후의 차이를 알아보았다. 그 결과 첫째, 능동적 갈등해결방식에 유의한 차이를 보였고, 둘째, 수동적 갈등해결방식에 유의한 차이를 보였고, 셋째, 대인간 갈등해결방식에 유의한 차이를 보였다. 이는 다양한 집단상담 프로그램이 대인간 갈등해결을 해결하는데 유용하다는 여러 연구와 일치한다. 본 연구의 결과는 다양한 자기성장 집단상담 프로그램의 구안과 실시를 통해 군생활에서 겪을 수 있는 대인간의 갈등을 잘 해결할 수 있도록 돕는 것이 필요함을 시사해 주고 있다.

**주요어 : 자기성장 집단상담, 대인관계, 대인간 갈등해결방식,**

인간은 태어나면서부터 다른 사람과 관계를 맺으며 살아나가는 사회적 동물이다. 또한 인간은 자라나면서 다양한 환경이나 제도 속에서 많은 사람들과 상호작용을 하고 사회적 관계를 맺으면서 살아가지만 어떤 형태로든 갈등 상황에 직면하기도 한다. 이러한 갈등은 특히 환경이나 성격의 영향을 많이 받고 있기 때문에 긍정적이든 부정적이든 갈등을 겪는 사람의 삶에 지대한 영향력을 행사하기도 한다.

갈등은 동등한 힘을 가지고 서로 모순이 되거나 양립할 수 없는 동기, 태도, 가치, 목표 등이 동시에 유발되는 상태로(임승권, 1988) 인간이 끊임없이 직면해 온 문제이다. 인간들 사이에 상호작용이 존재하는 한 갈등은 존재할 것이며, 갈등이 존재하는 한 인간의 상호작용도 존재할 것이다. 특히 대인 갈등의 중요성이 강조되는 것은 대인 갈등이 우연한 관계에서 비롯되고 부수적으로 나타나는 것이 아니라 인간이 관계를 갖고 행위하는 모든 사회적 관계에서 존재하기 때문에(김지형, 1990) 사회적 관계는 매우 중요하다. 사회적 관계에서 발생하는 다양한 문제에 대처하는 방식이나 갈등을 해결하는 방법 또한 다양할 것이다.

군대조직은 다른 사회조직과 달리 그 조직 내부에서 질서, 위엄, 계층구조와 같은 규범적 가치체계를 생성·발전키고 있고, 이런 특수성은 군대 구성원들의 태도와 가치에 많은 영향을 미치고 있다(권영재, 2000). 군은 조직 구조상 조직의 목적이 절대성을 띠고 있으며 집단적 결속을 하는 것이 특징이다. 특히 단체생활을 하는 군대는 계급과 직위에 대한 역할기대가 명시되고, 어디서 어떻게 행동해야 하며 역할기대에 어긋났을 때는 어떤 처벌이 주어진다는 것도 명시된(이영민, 1997) 획일적인 생활을 강조하며, 인간관계상상 독특한 특성을 지니고 있으며 직무상 동료집단 선택에 있어 개인의 선택권이 거의 인정되지 않는다. 그러나 신세대 장병들의 일반적인 성향은 인내에 대한 훈련이 없어서 쉽고 편하게 생활하려 하고, 자기의 주장이 관철되지 않으면 곧바로 방향전환을 하며 포기하려는 경우와 상황을 극복하기 보다는 충돌하여 우겨서 해결하려고 하고 있다(권영재, 2000). 또 자유분방한 사고방식은 기존의 권위주의적 지휘방식의 상급자와 갈등을 야기할 소지가 많고 수평적인 사고방식은 조직질서의 수용을 곤란하게 하고 군 기강의 해이나 일탈행동을 가져올 수 있다. 특히나 장병 상호간 관계에서 위계질서가 엄격했던 과거와 달리 선후임간의 서열의식이 완화되고 있다(정의광, 2000). 이런 특성들은 다양한 군 범죄를 발생시키기도 한다.

1990년대로 접어들면서 인명의 중요성과 군에 대한 시각의 변화 등으로 군범죄 예방을 위한 노력이 강화되면서 지휘관에 의한 합리적인 부대관리로 군의 다발범죄 중 하나인 폭행사고와 강력사고는 상당한 감소추세를 보였다. 그러나 여전히 군의 특수성과 관련한 군범죄는 발생하고 있으며 예방활동 또한 과학화, 전문화가 미흡한 실정이다(박기서, 2003). 군범죄를 일으키는 요인은 군 내·외부에 다양하게 산재하고 있다. 그 중에서 군 내부적인 요인 중에서 복무염증문제를 들 수 있다. 복무염증은 갑작스런 환경변화에서 주로 발생하는 심리상태로 이와 같은 현상은 사회활동의 정지 및 본능적 욕구에서 오는 불만, 지휘결함에서 오는 불만, 내무실 부조리에서 오는 불만은 장병상호간의 심리적인 갈등 등에서 비롯된다(한성동, 1997: 박기서, 2003: 장성대, 2003) 특히 전국 각지에서 모인 장병들로 조직되어 교육적 환경, 양육배경, 문화적 차이, 성장환경, 흥미, 성격 등이 서로 다르게 마련이다. 이러한 차이는 심리적인 갈등이나 마찰을 가져와 의사소통을 원활하게 하지 못하게 만들거나 조직의 분위기를 침체

시키고 범죄를 유발시키기도 한다. 특히 충동적이거나 즉흥적인 장병은 모든 일을 자기중심적으로 생각하고 활동하기 때문에 준법정신이 적으며 무책임하고 반항적인 모습으로 보여 부대생활에 적응하는데 어려울 수 있다. 그런 반면에 획일적 사고나 행동을 요구하는 군대의 특성상 지탄의 대상이 될 수 있어 선후임간에 갈등을 가져오므로 나아가 사고나 범죄를 저지르게 되는 것이다.

군조직의 사회적 관계는 조금 상황이 다르다. 군조직은 특수한 조직으로 외부와 단절되어있고 폐쇄적인 집단인 동시에 계급적인 구조를 가지고 있는 집단이다. 군 조직을 이루는 구성원들은 여러 세대로 이루어졌지만 하부계급의 조직은 대부분 신세대 장병들로 구성되어 있다. 신세대 장병들은 기존의 전통이나 가치, 공동의 목표 등의 집단행동을 중시하기보다는 자신의 욕구나 동기, 개인적인 목표 등의 개별행동을 더 우선시 하는 경향이 있다. 그들은 일정한 틀에 얽매여 사는 기성세대가 되기를 거부하는 유아기적 의식에 의해 나이에 비해 의젓함이 부족하고 언어유희적 경향을 보이거나 산만한 생활태도를 보이기도 하는 특성을(김덕기, 2000)갖고 있다. 이러한 신세대 장병들은 발달과정상에 있어서도 자아정체감을 형성해야하는 시기로서, 군조직이라는 집단에 적응하기 힘들어하고 성격적 차이, 욕구나 가치 충돌을 일으켜 갈등 상황을 만들어내기도 한다. 그러한 갈등상황을 이겨내지 못한 신세대 장병들은  심한 스트레스를 겪거나 각종 문제를 일으키기도 하며 심하면 자살에 이르기까지도 한다. 따라서 오늘날의 범죄예방책은 범인의 검거와 처벌, 조사보다는 범죄요인을 사전에 규명하여 제거함으로써 범죄발생 그 자체를 억제 내지는 감소시키는데 역점을 두어야 한다(박기서, 2003).

각종 사고의 기초가 되는 갈등은 군 조직의 특수성으로 말미암아 조직 구성원간의 협조가 잘 이루어지지 않을 때 발생하는 것이며 종류로는 상급제대에서 설정한 목표를 하급제대에서 시행하는 과정에서 오는 갈등과 권위를 내세워 권한을 행사하는데서 오는 갈등, 동료간의 갈등이 있다(길진환, 1991).  군조직에서 사회적 관계를 잘 형성할 수 있도록 돕고 대인관계를 잘 맺고 공동의 목표를 향해서 갈등을 이겨낼 수 있는 힘을 기를 수 있는 교육이나 다양한 프로그램이 절대적으로 필요한 실정이다. 또 군범죄 예방을 위한 대책으로 사고예방 종합진단팀을 운영하거나 의사소통체계를 확립하여 갈등을 해소하고 지휘관들에게 인간관계교육을 할 수 있는 기법들의 교육이 요구되는데(정의광, 2000)  상하간의 의사소통 단절로 인한 대화의 부족과 신세대 의식성향을 고려한 상담기법이 미흡하고, 예방활동을 시행함에 있어 전문적인 활동부대내지는 전문가가 없는 실정이지만(박기서, 2003). 범죄그룹과 일반그룹의 갈등지수를 최대한 활용해서 범죄예방 및 갈등해소를 지휘통솔방법이 효과적으로 군대문화와의 마찰을 줄이고 갈등지수가 큰 것에 우선적 관심을 기울이며 상담 등을 통해서 예방을 하는 것이 효과적이라고 하였다(국방정신교육원, 1997). 이러한 군범죄를 예방하기 위한 방법으로 상담을 들 수 있다.

상담은 치료자와 안전한 관계에서 자아의 구조가 이완되어 과거에는 부정했던 경험을 자각해서 새로운 자아로 통합하는 과정으로 로저스는 정의했고, 이장호는 도움을 필요로 하는 사람이 전문적인 훈련을 받은 사람과의 대면관계에서 생활과제의 해결, 사고, 행동 및 감정 측면의 인간적 성장을 위해 노력하는 학습과정이라고 정의하였다(청소년 대화의 광장, 1996). 문제를 지닌 사람들을 도와주는 상담은 크게 개인상담과 집단상담으로 나눌 수 있다. 집단상담은 비교적 정상범위에 속하는 사람들이 전문적인 상담자와 함께 신뢰롭고 허용적인 분위기 속에서 자기이해와 수용을 촉진 시키도록 집단 구성원들 간에 상호작용을 하여 개인의 태도와 행동의 변화를 통해서 문제해결을 돕고 더 나아가 잠재능력의 개발을 돕는 것이다. 집단상담은 집단의 목적, 이론적인 접근, 집단의 조직성 정도, 문제의 동질성, 집단기간과 개방여부 등에 따라 다양하게 나눌 수 있다, 집단의 목표에 따라 교정, 치료, 성격재구성에 초점을 두는 치료집단과 성장, 발달, 향상, 예방, 자기인식, 성장 방해요소를 해소하는 것에 초점을 두는 집단상담으로 나눌 수 있다(조현춘 외 공역, 2002). 다시 말해 집단상담은 임상 또는 치료적 접근과 예방 및 발달적 접근으로 나눌 수 있는데 자기성장 집단상담은 후자에 속한다(이형득, 1998).

자기성장 프로그램은 미국에서 산업분야의 경영자나 관리자를 중심으로 인간관계 훈련집단을 실시한 것을 시초로 하여, 1970년 이후에 학교, 교회, 산업체를 중심으로 우리나라에도 보급되기 시작하였다(이혜성, 1979). 자기성장 프로그램은 집단구성원들이 자신을 있는 그대로 이해·수용·개방·주장할 수 있게 되어 궁극적으로 자신이 가진 잠재력을 실현하고 매 순간 자신의 능력을 최대로 발휘할 수 있도록 돕는다. 즉, 자기성장 집단상담은 자기이해·자기수용·자기개방의 순환적 과정을 통하여 참여자로 하여금 기존의 비효과적인 행동패턴을 버리고 보다 바람직한 대안행동을 학습하도록 돕는 것이다(이형득, 1998). 따라서 개인의 성장을 위해서는 먼저 자기를 정확하게 이해하는 것이 필요하다. 있는 그대로의 자기를 이해한다는 것은 자신의 몸과 마음에 관한 여러 가지 상태, 대인관계의 양과 질, 가치관이나 행동 등을 현실적으로 이해하는 것이다, 자신을 수용한다는 것은 자신의 장점 뿐 만아니라 단점도 수용해야 하며, 자신의 장단점을 포함한 극단적인 현상을 더 높은 차원에서 통합하는 것이다. 그리고 자기개방은 그대로의 자신을 내보이는 것이다. 적절한 자기개방을 하지 않으면 의미있는 대인관계를 형성하기 어렵고 정신적인 부담이나 심리적인 고통을 받을 수도 있지만(김한수, 1986) 인간은 상호간에 만남을 경험하고 동참의 경험을 함께 나누는 존재이므로 자기이해, 자기수용, 자기개방 등이 성공적으로 이뤄지면 대인관계에서도 성장이 극대화될 것이다(김옥진, 2000). 자기성장 프로그램이 자기이해, 자기수용, 자기노출에 긍정적인 영향을 미친다는 연구(이경옥, 2002: 류병남, 2001: 김지연. 1998)와 인간관계 개선에 영향을 미친다는 연구도 있다(신기림, 2002: 김영순,2002, 윤정순, 2001: 최태호, 1993). 또 MBTI를 적용한 성장프로그램이 대인관계 향상에 긍정적인 영향을 미친다는 연구도 있다(권윤희, 2002: 이수련, 2000).

대인관계는 개개인의 보편적인 심리경향성 측면에서 소수인 특히 두사람 사이의 1대1적인 관계를 의미하는 것으로 인간관계보다는 협의의 개념이다. 특히 대인관계는 인간의 성격이나 특성을 대인관계적 맥락에서 반복적으로 일어나는 특징적인 대인관계 행동으로 정의할 때(Alden, Wiggins & Pincus, 1990; 전종국, 1997), 인간의 성격은 대인간 교류와 상호작용이 반복해서 일어나는 지속적인 유형이고, 중요한 타인들의 평가가 반영된다고 볼 수 있는데, 이는 상호관계 속에서 서로 주고받는 교류에 근거한 것이고, 다른 사람들과 관계를 맺으면서 상호작용하는 동안 자신에 대한 이미지나 행동성향이 이루어진다(강상무, 1999). 그러므로 대인관계란 소수의 사람들과 상호작용하면서 나타나게 되는 성격과 타인의 평가가 내포된 맥락적 관계의 일관적인 행동 스타일로 정의할 수 있다. 이러한 대인관계 행동의 최초의 목적은 안전추구로서 인간이 지니게 되는 필수적인 만족의 충족을 위한 것이고, 정서적인 교류는 명료한 인간관계 속에서 나타나는 것이다(이경화, 안범희, 1979). 그러나 대인관계에 있어서 개인들 간에 서로의 만족을 추구하려는 동기, 가치, 목표 등이 존재하는 경우가 일어나기도 하고, 집단 간 혹은 계층 간에서도 서로의 만족을 추구하려는 경우가 일어나기도 하는데 흔히 이것을 갈등이라고 부른다.

Freud(1966)는 인간의 성격을 본능, 자아, 초자아간의 역동적인 관계로 정의하였는데, 본능과 초자아 사이의 부조화를 갈등이라고 정의하고 체계화하였고, Wilmot 와 Wilmot(1978)는 갈등이란 자신의 목표를 달성하는데 상대방이 방해가 된다고 느끼고 자신의 목표가 상대방의 목표와 양립할 수 없으며 보상이 부족하다고 느끼는 상호 의존적인 사람들이 표현하는 투쟁이라고 하였다. Deutch(1973)는 갈등이란 서로 양립할 수 없는 행위가 발생할 때마다 존재하는 것이라고 보았지만 갈등을 성에 비유하면서 갈등을 억압해야할 병리적인 것이라기보다는 잘 관리하면 사회발전에 활력을 주는 것이라고 보았다(권안택, 1999). 즉, 갈등이란 대인 관계적 맥락에서 자신의 목표, 동기, 욕구, 가치 등 개인의 내·외적 만족이 이루어지지 않는 충돌적 상황이라고 정의 할 수 있다. 갈등은 항상 역기능적인 측면만 있는 것은 아니다. 갈등은 잘 해결하고 활용한다면 순기능적인 측면도 있다. 사회화의 한 형식으로서의 갈등은 사회구성원들의 사고, 가치관, 신념, 태도, 인성, 행위의 여러 가지 다양한 형식과 내용 속에서 필수불가결한 요소이다. 이런 갈등을 묵인하거나 회피를 통해서 해결할 것이 아니라 생산적이고 적극적인 대처를 통해 건설적인 방향으로 전환하거나 관리를 한다면 갈등은 사회나 조직의 발전을 가져다 줄 것이다.

Filley(1978)는 상호관계에 있어서 갈등이 생산적인 기능을 발휘한다면 가치를 지닌다고 보았다. 그가 말한 갈등의 4가지 가치를 살펴보면 첫째, 갈등적 상황은 미래에 발생할 수 있는 보다 큰 갈등을 사전에 제거할 수 있는 기능을 갖는다. 둘째, 갈등의 경험은 우리로 하여금 사물을 바라보는 시각을 새로운 시각, 새로운 사고방식, 새로운 행동양식을 터득하게 함으로써 우리의 혁신성을 고양한다. 셋째, 갈등은 우리의 친밀성과 신뢰를 증진시키는 계기가 될 수 있으며 이렇게 하여 우리의 결집력과 동창의식을 향상시킬 수 있다. 넷째, 갈등은 우리가 유지하는 사회적 관계의 튼튼함과 생존력을 측정할 수 있는 귀중한 시간을 갖는다라는 것이다(김지형, 1990에서 재인용).

갈등은 소수의 사람과 관계 속에서 한 사람의 행동이 다른 사람의 행동에 영향을 미치는 대인적 과정으로 상호작용의 산물이지만 갈등을 잘 관리하거나 해결한다면 구성원이나 사회, 조직의 발전을 가져올 수 있다. 따라서 갈등이 없다면 조직의 발전도 없고 대인관계도 이루어질 수 없는지도 모른다.

Wilmot 와 Wilmot(1978)는 대인갈등에 대한 고정관념의 인식에 대해서 조사한 후, 대인갈등에 대한 사회적인 통념을 밝혀내었다. 첫째, 대인관계에서의 상호조화는 정상이지만 갈등은 비정상이라는 통념이다. 그러나 지속적인 상호관계에서 갈등은 생성, 소멸, 재생성의 주기를 갖는 지극히 정상적인 사회적 행위임을 간과해서는 안 된다. 둘째, 사람들은 갈등과 의견의 불일치를 동일한 현상으로 생각하는 경향이 있다. 실지로 불일치는 이해의 문제일 수 있으며 상호입장의 접근을 통해서 해결될 수 있지만 갈등은 불일치에서 한 걸음 더 나아가서 양립할 수 없는 목표의 대립이기도 하다. 즉, 갈등은 불일치에 비해 보다 심각한 사회현상이다. 셋째, 대인갈등이 병리적인 현상으로 인지되는 경향이 있다. 갈등을 조장하는 사람은 욕구불만, 초조, 장애, 신경성 등의 성향을 나타내는 것으로 인지된다. 그러나 이러한 성향과 관계없이 갈등의 원인은 실제로 존재할 수 있다. 넷째, 대인갈등의 극소화 혹은 해소만이 바람직한 행위로 강조

되는 반면 이것의 확대는 바람직하지 못한 것으로 억제된다. 대인갈등의 확대가 일반적으로 바람직하지 못한 사회적 행위로 간주됨으로써 체제옹호적 편견이 유지되고 있다. 다섯째, 대인갈등이 행위자의 성격 문제로 이해되고 있다. 그러나 성격 그 자체가 반드시 갈등을 초래하는 것은 아니다. 사람의 행위가 갈등의 원인이 될 뿐이다. 여섯째, 대인갈등과 분노의 감정이 혼동되는 경향이 있다. 분노의 감정은 대체로 대인 갈등은 수반하지만 대인갈등이 반드시 분노의 감정과 함께 자리하는 것은 아니다라고 하였다.

대인갈등은 집단이나 조직의 구성원들 사이의 목표나 힘, 자원들을 획득하기 위한 투쟁으로 순기능적인 방향으로 나가면 개인이나 조직의 발전을 꾀할 수 있다. 그러나 역기능적인 기능이 강해져서 상대방을 무력화시키거나 손상 또는 제거하려는데 그 목적이 있을 때는 개인이나 조직에 있어 매우 위험한 상황을 만들어 갈 수 있을 것이므로 갈등을 어떻게 해결하는지 혹은 갈등을 어떻게 대처하고 극복하는지가 매우 중요하다고 볼 수 있다.

갈등은 두 가지 이상의 가치나 목표 등이 충돌할 때 생기는 것으로, 욕구들 간의 차이나 또는 반대욕구간의 차이에서 오는 경우가 많다. 흔히 생활 속에서 경험하게 되는 갈등은 우리에게 많은 스트레스를 가져다주는 스트레스원으로 작용하기도 하고, 갈등을 어떻게 처리하고 대처하느냐에 따라 개인이나 조직의 성공과 실패가 달려있기도 하다. 사람들이 대인간 갈등을 어떻게 다루고 대처하는가 하는 방식에는 어떤 일관성이 있다고 한다. Terhune(1970)은 이러한 갈등 해결방식의 일관적 유형이 성격적인 속성에서 비롯된다고 하였다. 그에 따르면 갈등상황에서 갈등을 겪는 대상자가 공격적, 권위적, 지배적, 독단적이거나 의심이 많은 성격적 속성을 보이면 갈등은 악화되는 경향이 있고, 반대로 평등적, 신뢰적, 개방적이면 갈등은 완화되는 경향이 있다고 하였고, Stagner(1971)는 성격적 속성보다는 지각유형에 더 초점을 맞추었다. Stagner는 보다 강력한 갈등은 어떤 단서의 중요성은 감소시키면서 또 다른 단서의 중요성은 실제 중요성보다 확대시키는데서 오는 왜곡된 지각유형의 결과로 일어나는 것이라고 하였다(이희경, 1989에서 재인용).

Sternberg 와 Dobson(1987)은 사람들이 그들 자신의 대인간 갈등을 어떻게 적절하고 적합하게 해결하는지 대인관계에 주목해서 가상의 상황이 아닌 실제적인 갈등해결방식을 토대로 연구한 결과 16가지 갈등해결방식을 밝혀내었다. 갈등해결방식의 구체적인 내용은 1)상대에게 물리적인 힘으로 맞선다. 2) 사태가 호전될 때까지 기다린다. 3) 주어진 사태를 있는 그대로 받아들인다. 4) 내 욕구를 줄이거나 자제함으로써 갈등을 피한다. 5) 제3자로 하여금 갈등을 조절하도록 한다. 6) 다른 사람들로 하여금 갈등상대를 비난하게 한다.7) 갈등 상대와의 접촉을 제한한다. 8) 흥정이나 타협을 통해서 갈등을 해결하려 한다. 9) 더 이상의 갈등에 직면하는 것을 피한다. 10) 변명이나 사과를 함으로써 갈등을 줄이려 한다. 11) 상대방의 약점을 이용하여 갈등을 해결하려 한다. 12) 상대방을 헐뜯어 말다툼을 한다. 13) 상대방이 이전에 이같은 갈등을 어떻게 대응했는지 참고로 한다. 14) 나의 솔직한 감정을 갈등상대에게 직접 이야기한다. 15) 갈등상대와 직면한 문제를 대화로써 풀어나간다. 16) 갈등상대와 결별을 한다이다. 그리고 Sternberg 와 Dobson은 16개의 갈등해결방식 중에서 12개의 갈등해결방식을 요인분석을 실시하고 1) 수동적 갈등 완화방식, 2) 능동적 갈등완화방식, 3) 수동적 갈등 격화방식, 4) 능동적 갈등격화방식의 4가지 요인으로 명명하였다.

MBTI 자기성장 집단상담과 갈등해결방식의 효과와 관련된 선행연구는 찾아볼 수 없어서 집단상담과 대인간 갈등해결방식의 효과에 대해 알아보고자 한다. 심리극이나 역할놀이 집단상담은 내담자가 갈등상황의 여러 면을 재연하도록 구성하는 것으로 갈등이 발생되는 상황에서 자신이나 타인이 보일 수 있는 역할을 대화나 행동으로 재연하도록 해서 갈등상황에서 경험되는 개인의 제반 심리적인 측면을 보다 명료화시키는 과정인데, 대인간 갈등을 줄이는 방법으로 유용하다고 하였다(Bahart, 1977; Greenberg & Clarke, 1979, 이희경, 1989; 이경희; 1992, 류진혜,1990; 강상무, 1999). 이희경(1989)은 역할놀이 집단상담은 대인간 갈등을 능동적으로 해결하는 방법을 획득하는데 효과가 있었다고 보고하였는데, 구체적으로 말하자면 능동적 해결방식에서 갈등을 완화시키는 방식을 증대시키고 갈등을 격화시키는 방식을 줄이는데 효과가 있었다고 한다. 이형득(1979)은 집단상담을 마친 다음에는 보다 개방적이 되고 자발적이 되며, 자신의 느낌을 보다 자유롭게 표현하게 되고, 보다 생산적인 대인관계를 발전시킬 능력을 발휘할 수 있게 된다고 하였고, 류진혜(1990)는 집단상담이 대인간 갈등해소에 영향을 미친다고 보고하였는데, 특히 갈등해소에 직접적으로 영향을 미치는 것은 능동적 갈등완화 유형뿐이라고 하였으며, 이정림(2001)은 현실요법 집단상담이 대인간 갈등해결방식의 긍정적 효과가 있다고 하였다.

이러한 집단 상담은 치료적 목적 뿐 아니라 예방적, 교육적 목적을 가지고 있고, 의식적인 사고, 감정 및 행동을 강조하는 대인과정과 문제해결 방략이 포함된다. 이 집단상담은 성장지향적이라는 특징을 가지고 있으며 개인적인 힘의 내적 자원을 발견하고 최적의 발달을 가로막는 장애를 건설적으로 다루는 것을 강조한다(김명권 외 옮김, 2001). 예방 및 발달적 접근의 자기성장 집단상담은 대상이나 특정문제와는 상관없이 참여자에게 자기이해, 자기수용, 자기개방이라는 세가지 단계의 순환적 과정을 경험시킴으로 여하한 상황에 처해서도 자력으로 대처해 나가는데 그 목적이 있고 돌발적이고 변동이 극심하고 불확실한 사회상황에서 더 타당성이 있다고 한다(이형득, 1998). 특히 신세대 장병들이 통제된 상황에서 자기성장 집단상담 프로그램을 통해 자기이해를 통한 자기수용과 타인이해를 할 수 있다면 군생활에 적응하기 쉽고, 대인관계의 어려움도 줄어들 뿐 아니라 문제해결도 잘 할 수 있어 군범죄의 원인이 되는 갈등을 잘 해결할 수 있을 것이다. 군의 특수한 상황을 고려해 볼 때 다양한 이론적인 접근의 자기성장 집단상담들도 유용하지만 특별한 거부감이 없이도 자연스럽게 접근하기에는 MBTI 자기성장 집단상담프로그램이 효과적일 수 있다.

Jung(1920)은 심리유형론에서 성격을 선천적인 심리기능의 다양한 표현이라고 하였고, 심리기능의 역동에 따라 개인의 적응 양식이나 환경의 대처양식이 달라진다고 하였다. 즉, 세상을 바라보는 관점이나 판단양식에 따라 개인이 맺는 인간관계 양상이 달라지며, 이러한 차이로 인해 여러 인간관계들 속에서 많은 오해와 편견이 생겨날 수 있다고 하였다(김정택, 1995). 이러한 Jung의 이론을 근거로 해서 만든 MBTI(Myers-Briggs Type Indicator)검사는 사람과 사람의 관계 속에 나타나는 개인들의 행동 차이가 개인의 선천적인 선호 유형 때문이라고 가정하고 이를 통해 각 사람들이 보이는 다양한 행동의 차이를 이해하고자 노력하였다. 따라서 본 연구에서는 군조직의 특수성을 감안하여 MBTI를 이용한 자기성장 집단상담 프로그램을 만들어 실시하고, 이를 통해 군범죄의 원인이 되는 갈등 중에서 동료간의 갈등, 즉 대인간 갈등해결방식의 효과가 있는지를 살펴보고자 하는 데 목적이 있다.

따라서 본 연구에서는 군조직의 특수성을 감안하여 정신교육시간을 이용하여 대인갈등 해소를 위한 MBTI 자기성장 집단상담 프로그램을 만들어 적용한 후 대인갈등해결방식의 변화를 살펴보고자 하여 다음과 같은 연구문제를 설정하였다.

1. MBTI 자기성장 집단상담 프로그램을 경험한 장병들은 능동적 갈등해결 양식의 변화를 보일 것이다.
2. MBTI 자기성장 집단상담 프로그램을 경험한 장병들은 수동적 갈등해결 양식의 변화를 보일 것이다.
3. MBTI 자기성장 집단상담 프로그램을 경험한 장병들은 대인간 갈등해결 양식의 변화를 보일 것이다.

# 연구 방법

## 연구 대상

연구대상자는 제 00부대에서 군복무를 하고 있는 장병들 중에서 MBTI 자기성장 집단상담 프로그램에 참여한 자로 처음에는 82명이었으나, 근무나 외박 등으로 인해 4 시간 이상을 프로그램에 불참하게 된 장병들을 제외한 45명이다. 연구대상자의 계급과 연령 분포현황은 표 1, MBTI 성격유형 분포현황은 표 2와 같다.

<표 1> 연구대상자의 계급과 연령별 분포현황

(명, %)

| 계급 | | | 연령 | | |
|---|---|---|---|---|---|
| 계급 | 빈도 | % | 연령 | 빈도 | % |
| 이병 | 0 | 0 | 20 | 10 | 22.2 |
| 일병 | 18 | 40.0 | 21 | 14 | 31.1 |
| 상병 | 16 | 35.6 | 22 | 12 | 26.7 |
| 병장 | 11 | 24.4 | 23 | 8 | 17.8 |
| | | | 24 | 1 | 2.2 |
| 합계 | 45 | 100 | 합계 | 45 | 100 |

<표 2> 연구대상자의 성격유형 분포

(명, %)

| | | | |
|---|---|---|---|
| ISTJ<br>(7, 15.6) | ISFJ<br>(1, 2.2) | INFJ<br>(3, 6.7) | INTJ<br>(2, 4.4) |
| ISFP<br>(3, 6.7) | ISFP<br>(3, 6.7) | INFP<br>(3, 6.7) | INTP<br>(2, 4.4) |
| ESTP<br>(6, 13.3) | ESFP<br>(4, 8.9) | ENFP<br>(3, 6.7) | ENTP<br>(2, 2.4) |
| ESTJ<br>(0, 0) | ESFJ<br>(4, 8.9) | ENFJ<br>(0, 0) | ENTJ<br>(2, 4.4) |

## 측정도구

본 연구에서는 Sternberg 와 Dobson(1987)이 제시한 16개의 대인간 갈등해결방식을 번안하여 사용하였다. 대인간 갈등 해결방식은 문화, 성별, 환경, 가치관 등에 따라 다양하게 나타날 수 있다. 따라서 조사대상자가 신세대 장병으로 군조직의 구성원이라는 특성 때문에 검사도구의 타당성과 신뢰성을 검증하기 위해서 요인분석과 신뢰도 계수를 산출하였다. 사전 검사를 실시한 장병들 82명을 대상으로 16개의 갈등해결방식에 대한 요인분석을 실시한 결과 기존의 연구(Sternberg & Dobson, 1987; 강상무, 1999)와는 다르게 나타났다. 요인분석 결과와 신뢰도 계수는 표 3과 같다.

<표 3> 요인분석 결과와 신뢰도 계수

| 요인명 | 변인 | 1 | 2 | 3 | 4 | 신뢰도계수 |
|---|---|---|---|---|---|---|
| 능동적 갈등 완화방식 | 10 | .764 | | | | .6904 |
| | 8 | .700 | | | | |
| | 14 | .646 | | | | |
| | 15 | .614 | | | | |
| 능동적 갈등 격화방식 | 11 | | .856 | | | .7116 |
| | 12 | | .806 | | | |
| 수동적 갈등 회피방식 | 6 | | | .784 | | .5567 |
| | 5 | | | .690 | | |
| | 9 | | | .545 | | |
| | 7 | | | .410 | | |
| 수동적 갈등 완화방식 | 4 | | | | .723 | .4659 |
| | 3 | | | | .644 | |
| | 16 | | | | .535 | |
| | 2 | | | | .466 | |

요인분석과 신뢰도 검증을 통해 추출된 14개의 대인갈등 해결방식을 4개의 요인을 능동적 갈등 완화, 능동적 갈등 격화, 수동적 갈등 회피, 수동적 갈등 완화방식으로 명명하였다. 4개의 갈등방식 유형과 구체적 문항번호와 내용은 표 4와 같다.

<표 4> 대인간 갈등해결방식 유형

| 갈등방식유형 | 문항번호와 내용 |
|---|---|
| 능동적 갈등 완화방식 | 10) 변명이나 사과를 함으로써 갈등을 줄이려고 한다.<br>8) 홍정이나 타협을 통해서 갈등을 해결하려고 한다.<br>14) 나의 솔직한 감정을 갈등상대에게 직접이야기 한다.<br>15) 갈등상대와 직면한 문제를 대화로 풀어나간다. |
| 능동적 갈등 격화방식 | 11) 상대방의 약점을 이용하여 갈등을 해결하려 한다.<br>12) 상대방을 헐뜯어 말다툼을 한다. |
| 수동적 갈등 회피방식 | 5) 제3자로 하여금 갈등을 조절하도록 한다.<br>6) 다른 사람들로 하여금 갈등 상대를 비난하게 한다.<br>7) 갈등상대와 접촉을 제한한다.<br>9) 더 이상의 갈등에 직면하는 것을 피한다. |
| 수동적 갈등 완화방식 | 2) 사태가 호전될 때까지 기다린다.<br>3) 주어진 사태를 있는 그대로 받아들인다.<br>4) 내 욕심을 줄이거나 자제함으로서 갈등을 피한다.<br>16) 갈등상대와 결별을 선언한다. |

## 연구절차

본 연구는 2002년 5월 10일부터 6월 1일까지 사고예방기간에 주로 정신교육시간과 기타시간을 이용하여 9회기 24시간걸쳐서 자기성장 집단상담 프로그램을 실시하였다. MBTI 일반강사인 본 연구자들이 함께 MBTI 자기성장 집단상담 프로그램을 구안하고 82명의 장병들에게 직접 실시하였다. 프로그램의 효과를 측정하기 위해서 대인간 갈등해결방식에 관한 설문지를 프로그램 전・후에 실시하여 비교 분석하였다. 그러나 근무나 외박 같은 경우로 인해 성실하게 참여하지 못한 대상자를 제외한 45명만을 비교 분석하였다. MBTI 자기성장 집단상담 프로그램의 내용은 표 5와 같다.

<표 5> MBTI 자기성장 집단상담 프로그램

| 단계 | 회기(시간) | 주요내용 | 기대효과 |
|---|---|---|---|
| 래포형성 | 1(1.5) | 사전검사<br>오리엔테이션 | 긴장감 완화 |
| 검사 실시 및 채점 | 2(2.5) | MBTI검사 실시<br>채점과 프로파일 그리기<br>나의 성격과 피이드백 | 진정한 내 모습 찾기 |
| 4가지 지표별 그룹작업I | 3(4) | E-I지표별 작업<br>(대인관계, 내무반 행동)<br>S-N지표별 작업<br>(부대지도, 과일특성)<br>T-F지표별 작업<br>(복귀시간 늦은 후임병, 임신한 여고2년 동생의 처리문제)<br>J-P지표별 작업<br>(특박 휴가계획 세우기,<br>내무반 장기자랑 대회 열기) | 일반태도와 정신기능, 생활양식의 다름 이해<br>(그룹작업을 통한 자신의 이해 타인의 이해의 기초알기) |
| 4가지 지표별 그룹작업II | 4(2) | 반대 선호지표에게 바라는 말<br>(E는 I에게, I는 E에게<br>S는 N에게, N은 S에게<br>T는 F에게, F는 T에게<br>J는 P에게, P는 J에게) | 자신의 강점, 개발할 점 알기 |
| 16가지 성격유형별 그룹작업 | 5(4) | 16가지 성격유형별 특징 찾기<br>(성격적 공통점 찾기,<br>내무반, 유격장, 청소시에 나타나는 행동특성 | 나의 성격과 행동특성 이해<br>타인의 이해와 수용<br>각자의 빛, 향, 맛 존중하기 |
| 열등기능별 그룹작업 | 6(2) | 열등기능의 특징과 사례발표 | 무의식적인 행동을 이해하기 |
| 기능별, 기질별 그룹작업 | 7(4) | 기능별 그룹작업<br>(ST, SF, NT, NF)<br>기질별 그룹작업<br>(SJ, SP, NT, NF) | 마음 속 태도, 겉 태도의 이해 |
| 문제해결의 원리 | 8(2) | Z모델의 원리와 사례나누기 | 최선의 해결방법과 실천하기 |
| 마무리 | 9(2) | 프로그램 피이드백 나누기<br>사후검사 | 달라진 나와 너의 발견<br>나는 나, 너는 너지만,<br>우리는 아름다운 하나다!! |

## 자료 처리

MBTI 자기성장 집단상담 프로그램이 장병들의 범죄예방에 미치는 효과를 검증하기 위해서 Sternberg 와 Dobson(1987)이 제시한 대인간 갈등해결방식 검사를 사전검사와 사후검사로 사용하여 평균과 표준편차를 구하고, t검증을 실시하였다.

# 결 과

본 연구에서는 특수한 군 조직에서 MBTI 자기성장 집단상담 프로그램이 장병들의 범죄예방에 효과가 있는지를 알아보려고 하였다. 군범죄의 다양한 원인 중에서 동료간의 갈등을 중심으로 갈등해결방식을 연구문제에 따라 능동적 갈등해결방식, 수동적 갈등해결방식, 대인간 갈등해결방식으로 나누어 사전검사와 사후검사의 평균과 표준편차를 통하여 효과성을 검증하였다.

연구문제 1에 따른 t검증결과는 표 6과 같다.

<표 6> 능동적 갈등해결방식의 t검증 결과

| 구분 | 사전검사 | | 사후검사 | | t | p |
|---|---|---|---|---|---|---|
| | M | SD | M | SD | | |
| 능동적 완화방식 | 11.80 | 2.63 | 12.96 | 1.86 | 2.405 | .018 |
| 능동적 격화방식 | 3.73 | 1.29 | 3.67 | 1.13 | .261 | .794 |
| 능동적 해결방식 | 15.53 | 2.84 | 16.62 | 1.98 | 2.109 | .038 |

표 6에 의하면 MBTI자기성장 프로그램은 능동적 완화방식에 있어 통계적으로 유의한 차이를 나타내고 있지만(t=2.405, p<.05) 능동적 격화방식에 있어서는 유의한 차이를 나타내고 있지 않다(t=.261, p<.05). 그러나 전체적으로 볼 때 능동적 갈등해결방

식에 있어서는 유의한 차이가 있는 것으로 나타났다($t=2.109$, $p<.05$).

연구문제 2에 따른 t검증결과는 표 7과 같다.

표 7 수동적 갈등해결방식의 t검증 결과

| 구분 | 사전검사 | | 사후검사 | | t | p |
|---|---|---|---|---|---|---|
| | M | SD | M | SD | | |
| 수동적 완화방식 | 9.51 | 2.08 | 10.78 | 1.22 | 3.516 | .001 |
| 수동적 회피방식 | 9.27 | 2.22 | 9.47 | 2.02 | .447 | .656 |
| 수동적 해결방식 | 18.78 | 3.52 | 20.24 | 2.57 | 2.260 | .026 |

표 7에 의하면 MBTI자기성장  프로그램은 수동적 완화방식에 있어 통계적으로 유의한 차이를 나타내고 있지만($t=3.516$, $p<.001$) 수동적 회피방식에 있어서는 유의한 차이를 나타내고 있지 않다($t=.447$, $p<.05$). 그러나 전체적으로 볼 때 수동적 갈등해결방식에 있어서는 유의한 차이가 있는 것으로 나타났다($t=2.260$, $p<.05$).

연구문제 3에 따른 t검증결과는 표 8과 같다.

<표 8> 갈등해결방식의 t검증 결과

| 구분 | 사전검사 | | 사후검사 | | t | p |
|---|---|---|---|---|---|---|
| | M | SD | M | SD | | |
| 갈등 해결방식 | 34.31 | 4.45 | 36.87 | 3.47 | 3.038 | .003 |

표 8에 의하면 MBTI 자기성장  프로그램은 갈등해결방식에 있어 통계적으로 유의한 차이를 나타내고 있다($t=3.038$, $p<.01$). 따라서 MBTI 자기성장 집단상담 프로그램은 장병들의 대인관계에 있어 갈등을 해결하는데 변화가 있다고 볼 수 있다.

# 논 의

본 연구는 군조직의 특수성을 감안하여 정신교육시간을 적극적으로 이용하여 Jung의 이론을 근거로 해서 만든 MBTI검사를 이용한 자기성장 집단상담 프로그램을 통해 군범죄 예방에 미치는 효과를 대인간 갈등해결방식의 변화가 있는지를 통하여 알아보았다. 본 연구의 결과는 다음과 같다.

첫째, MBTI 자기성장  집단상담 프로그램은 대인간 갈등해결 방식 유형 중에서 능동적 완화방식에 있어 통계적으로 유의한 차이를 나타내고 있지만(t=2.405, p<.05), 능동적 격화방식에 있어서는 유의한 차이를 나타내고 있지 않다(t=.261, p<.05). 그러나 전체적으로 볼 때 능동적 갈등해결 방식에 있어서는 유의한 차이가 있는 것으로 나타났다(t=2.109, p<.05).

둘째, MBTI 자기성장 집단상담 프로그램은 대인간 갈등해결 방식 유형 중에서 수동적 완화방식에 있어 통계적으로 유의한 차이를 나타내고 있지만(t=3.516, p<.001) 수동적 회피방식에 있어서는 유의한 차이를 나타내고 있지 않다(t=.447, p<.05). 그러나 전체적으로 볼 때 수동적 갈등해결방식에 있어서는 유의한 차이가 있는 것으로 나타났다(t=2.260, p<.05).

셋째, MBTI 자기성장 집단상담 프로그램은 대인간 갈등해결 방식에 있어 통계적으로 유의한 차이를 나타내고 있다(t=3.038, p<.01). 따라서 MBTI 자기성장 집단상담 프로그램은 장병들의 대인관계에 있어 갈등을 해결하는데 효과가 있다고 볼 수 있다.

본 연구결과를 중심으로 선행연구와 비교해 논의하면 MBTI 자기성장 집단상담 프로그램이 대인간 갈등해결방식에 영향을 주는 것으로 나타났는데 이는 다양한 집단상담이 대인간 갈등을 해결하는데 유용하다는 여러 연구와 일치한다(Bahart, 1977; Greenberg & Clarke, 1979, 이희경, 1989; 이경희; 1992, 류진혜, 1990; 강상무, 1999: 이정림, 2001).

집단상담은 치료적 목적 뿐 만 아니라 예방적, 교육적 목적을 가지고 있는데(김명권 외 공역: 2001), 일반적으로 성장지향적이라는 특징을 가지고 있는 집단상담은 공동의 목표인 긍정적인 태도와 개선된 대인기술을 갖도록 돕는데 효과적이라고 할 수 있다. 특히 자기성장 집단상담 프로그램은 대상이나 특정문제와는 상관없이 참여자에게 자기이해, 자기수용, 자기개방이라는 세 가지 단계의 순환적 과정을 경험시킴으로 여하한 상황에 처해서도 자발적으로 대처해 나가도록 돕는데 목적이 있다(이형득, 1998). 따라서 MBTI 자기성장 집단상담 프로그램은 개인적인 내적 자원을 발견하고 최적의 발달을 가로막는 장애를 건설적으로 다루어 대인관계 수준에서 더 잘 기능하도록 하기 위해 다양한 그룹작업을 하였는데 이는 자기이해, 타인이해, 자기수용, 타인수용, 자기개방을 하는데 효과적이었고 저항감도 적었다. 다시 말해 MBTI 자기성장 집단상담 프로그램은 참여자들이 자신의 대인관계 양식을 탐색하고 좀더 효과적인 사회기술을 학습할 수 있고(조현춘 외 공역: 2002), 보다 생산적인 대인관계를 발전시킬 능력을 발휘할 수 있게 된다는(이형득: 1979) 집단상담의 목적을 효율적으로 달성한 것이다. 이는 부대환경에 대해서 상하관계, 업무처리능력, 동료관계 등을 통한 불만요인이나 대인관계, 제대 후 진로와 같은 요인에 대해서 충분한 파악이 필요하다는 것(김정진, 2000)과 관련지어 볼 때 매우 의미있는 일이다.

대인간 갈등해결방식에 있어 능동적 해결방식에 있어 효과가 있는데, 특히 능동적 완화방식에 있어 효과가 있는 것으로 나타난 것은 류진혜(1990)의 연구결과와 일치한다. 이는 특히 MBTI가 자신을 이해하고 타인을 이해하는 대표적인 비진단도구라는 점에서 부담감이 적어 저항도 훨씬 적은 것으로 생각해 볼 수 있다. 특히 공동작업을 하는 과정에서 래포가 형성이 되고 선임병과 후임병들이 서로 같은 조가 되어 여러 회기의 집단작업을 하면서 서로 간의 동질성과 이질성을 경험하게 되었다. 이를 통해 자신의 이해를 기본으로 타인을 이해하게 되니 서로를 이해할 수 있는 계기가 되고, 자신과 타인을 수용할 수 있게 되었기 때문이다. 또 작업을 하면서 마음이 열려 자신을 개방하게 되니 집단상담 전보다 의사소통이 원할해지고 자연스러워졌기 때문인 것 같다. 이것은 집단상담을 마친 다음에는 보다 개방적이 되고 자발적이 되며, 자신의 느낌을 보다 자유롭게 표현하게 된다는(이형득, 1979) 것을 증명해 주는 결과라고 보여진다. 이는 군대라는 특수한 환경 속에서 겪을 수 있는 갈등이나 어려움을 지닌 장병들에게 실제적인 상담이나 다양한 프로그램을 적용하여 무사고 부대육성과 무형전투력 보전에 한층 기여하였으면 좋겠다고 제언한 연구(김정진, 김옥희, 2000)를 뒷받침해 주는 결과로 볼 수 있다. 군대문화란 장병들이 공유하는 가치관 사고방식, 태도 및 신념 등의 총체로서 군대에서 이루어지고 있는 제반 생활양식을 의미한다(권인혁, 2004). 이 문화를 이루고 있는 대부분의 장병들은 신세대 장병들로 획일적이고 권위적인 것을 배제하고 자기만족이나 개인주의적인 성향이 강하고 세대 간의 불신이나 갈등을 느끼고 있지만 이를 극복하려는 의지나 노력을 기울이지 않는 편이다. 또한 군 조직의 획일주의 또한 지나친 의견통일, 행동통일을 강조함으로 개개인의 개성과 능력보다는 조직적인 일체감과 강한 연대의식을 강조하는 경향이 있어(이철상, 1999) 권인혁(2004)은 군 생활에 적응하지 못하는 장병들이 자살, 탈영 등 극단적인 행위를 하지 않도록 사전에 예방하기 위한 프로그램을 강화해야 한다고 하였다. 현재 군대문화는 획일성과 폐쇄성이라는 특수한 조직이 신세대 장병들의 입대로 인해 갈등을 겪고 있다. 이런 갈등은 군조직의 기강을 해이하게 하고 전투력을 약화시키며 사고나 범죄를 유발시키고 있다. 군범죄는 점차 감소추세에 있으나 평균 7500여건이 발생하며 인명피해는 1400여명, 물자 피해는 약 150억 원 정도로 그 피해는 국가적으로나 군전투력 손실에서도 막대한 영향을 미치고 있다(권인혁, 2004). 그러므로 군조직도 다양한 구성원들의 모임임을 알고 그들의 개성과 인권을 존중할 수 있는 문화를 만든다면 갈등은 줄어들 것이고 그렇다면 군 범죄도 예방할 수 있을 것이다. 군조직은 이러한 갈등요소를 해소하여 다양한 특성을 지닌 구성원들이 일체감을 조성할 수 있도록 군대문화의 새로운 정립이 요구되고 있는 실정이다(이철상, 1999: 송병일, 2003: 이상대, 2003). 따라서 다양한 자기성장 프로그램이나 의사소통 프로그램, 인간관계 프로그램 등과 같은 실질적으로 체험하면서 서로의 고충을 이해하고 속마음을 털어놓고 친밀감과 유대감을 형성하면서 군대 생활이나 군대문화 속에 녹아들 수 있는 집단지도나 집단상담 프로그램을 구안하고 실시하는 것이 필요하다. 장병들로 하여금  자기이해와 수용을 기본으로 적절한 자기개방을 하여 서로를 이해하고 대인관계 형성이나 갈등상황을 적절하게 해결하여 즐거운 군생활을 할 수 있도록 도울 수 있는 돕는 제도적인 뒷받침과 지속적인 노력이 절실하게 요구되고 있다.

# 참고문헌

강상무(1999). 심리극집단상담이 청소년의 자아강도와 대인간 갈등해결방식에 미치는 영향. 고려대학교 교육대학원 석사학위논문.

국방정신교육원(1997). 정신전력연구. 제 21호.

권영재(2000). 조직문화와 직무 스트레스가 군 범죄발생에 미치는 영향과 예방에 관한 연구. 한남대학교 경영대학원 석사학위논문

권윤희(2002). MBTI를 활용한 성장프로그램이 간호대학생의 대인관계 및 진로정체감에 미치는 효과. 계명대 대학원 석사학위논문.

권인혁(2004). 신세대 장병의 의식성향과 군조직 스트레스 적응에 관한 연구. 한남대학교 사회문화과학대학원 석사학위논문.

길진환(1991). 군 폭행사고의 원인분석과 그 대책에 관한 연구. 동국대학교 행정대학원 석사학위 논문.

김덕기(2000). 신세대장병의 가치관과 전투력 향상 방안. 정신전력연구. 27. 107-135. 국방대학교 안보문제연구소,

김영순(2002). 자기성장 집단상담이 중학생의 자아존중감과 인간관계 개선에 미치는 효과. 홍익대 교육대학원 석사학위논문.

김옥진(2000). 자아성장 프로그램이 중년 여성의 자아개념에 미치는 효과에 관한 연구, 인간이해 제 21집, 서강대학교 학생생활상담연구소. 23-42.

김정진(2000) 무사고 부대육성 관리에 대한 제언, 육군, 244(3,4), 100-105, 육군본부.

김정진, 김옥희(2000). 문제사병의 성격유형탐색에 관한 연구. 정신전력연구, 27, 53-75, 국방대학교 안보문제연구소.

김정택(1995). Jung의 열등기능론과 상담과 심리치료에서의 활용. 한국심리유형학회지, 2(1), 1-21.

김지연(1998). 자기성장 집단상담이 집단응집력, 대인관계 지향성 및 자기 노출에 미치는 영향. 동아대 대학원 석사학위논문.

김지형(1990). 대인갈등관리를 위한 커뮤니케이션 스타일 연구. 한국외국어대학교 대학원 석사학위논문

김한수(1986). 인간성장을 위한 집단상담 프로그램, 학생지도연구, 19(1). 1-37. 경북대 학생생활연구소.

류병남(2001). 자기성장 집단상담 프로그램이 초등학교 아동의 자기표출 신장에 미치는 영향. 순천향대 산업정보대학원. 석사학위논문

류진혜(1990). 집단상담을 통한 대인간 갈등해소. 한양대학교 대학원 석사학위논문.

송병일(2003). 신세대 장병에 대한 리더쉽 기법연구. 영남대학교 경영대학원 석사학위논문.

신기림(2002). 자기성장 집단상담이 초등학생의 자기존중감 및 교우관계에 미치는 효과. 순천대 교육대학원 석사학위논문.

윤정순(2001). 자기성장 집단상담 프로그램이 초등학생의 인간관계에 미치는 효과. 한남대 교육대학원 석사학위논문.

이경옥(2002). 자기성장 집단상담이 고교생의 자기이해, 자기수용, 자기노출 및 사회적 불안에 미치는 효과에 관한 연구. 대구 카돌릭대 교육대학원 석사학위 논문.

이경화, 안범희(1979). 대학생의 대인관계 성향 및 그 효용성에 관한 연구. 강원대 학생생활연구, 6, 3-9.

이경희(1992). 심리극 집단상담을 통한 자아개념과 대인간 갈등해결방식의 변화에 관한 연구. 한국외국어대 교육대학원 석사학위논문,

이상대(2003). 신세대장별 지휘통솔향상을 위한 임무형지휘 적용방안에 관한 연구. 한남대학교 석사학위논문.

이수련(2000). MBTI를 활용한 대인관계향상프로그램이 대학생의 대인관계향상에 미치는 효과. 계명대 교육대학원 석사학위논문.

이영민(1997). 장병 의식구조 변화와 지휘통솔권. 정인.

이정림(2001). 현실요법 집단상담이 고등학생의 대인간 갈등해결방식과 문제해결에 미치는 영향. 건국대학교 대학원 석사학위논문.

이철상(1999). 육군문화. 육군본부.

이형득(1979). 집단상담의 실제. 중앙적성출판사.

이형득(1998). 자기성장 집단상담의 단계별 발달과정, 집단상담연구, 1, 35-61.

이혜성(1979). 집단상담의 내용과 과정에 관한 고찰과 그 운용방법, 학생생활연구, 15, 이화여대 학생생활지도 연구소, 29-54.

이희경(1989). 역할놀이 집단상담을 통한 대인간 갈등해결방식의 변화. 한양대학교 대학원 석사학위논문.

임승권(1988). 정신위생. 서울: 양서원.

장성대(2003). 군내 폭행사고 및 자살사고의 실태와 예방대책. 연세대학교 정경대학원

석사학위논문.

전종국(1997). 집단상담과정에서 대인관계 태도와 자기검색수준이 성장촉진 요인에 미치는 효과. 계명대학교 대학원 박사학위논문.

정의광(2000). 군 폭행사고의 심리적 사회적 원인분석과 예방대책에 관한 연구. 한남대학교 경영대학원 석사학위논문.

청소년 대화의 광장(1996). 청소년 개인상담. 청소년 대화의 광장.

최태호(1993). 자기성장 학습 프로그램을 활용한 집단상담이 아동의 인간관계 변화에 미치는 영향. 전주 우석대 교육대학원 석사학위논문.

한성동(1997). 군범죄 특성과 그 예방대책에 관한 연구. 동국대학교 행정대학원 석사학위 논문.

Alden, I. E., Wiggins, J. S. & Pincus, A. L.(1990). Construction of circumplex scales for the inventory of interpersonal problems. *Journal of Personality Assesment,* 55(3&4), 521-536.

Bohart, A.C.(1977). Role playing and interpersonal conflict reduction, *Journal of Counseling Psychology,* 21(1), 15-24.

Corey, G.(1999). Theory and Practice Group Counseling, 4th Eds.(조현춘, 조현재, 이희백, 천성문 공역. 집단심리상담의 이론과 실제). 서울: 시그마프레스.

Corey, M. S. & Corey, G.(2001). Groups: Process and Practice, 5th Eds.(김명권, 김창대, 박애선, 전종국, 천성문 옮김.집단상담: 과정과 실제). 서울: 시그마프레스.

Deutsch(1973). *The resolution of conflict: constructive and destructive process*, New Heaven, C.T.; Yale University Press.

Freud, A.(1966). *The ego and the mechanisms of defense.* New York; International University Press.

Greenberg, L. S., & Clarke, K. H.(1979), The Differential effects of the two-chair experiment and empathic reflections at a conflict maker, *Journal of Counseling Psychology,* 26(1), 1-8.

Sternberg, R. J. & Doboson, M. D.(1987), Resolving interpersonal conflict; An analysis of stylistic consistency. *Journal of Personality and Social Psychology*, 52(4), 794-882.

Wilmot, J. & Wilmot, W.(1978). *Interpersonal conflict.* W. C.; Brown Company Publishers.

# The Effect of MBTI-based Self-growth Group Counseling Program on the Criminal Prevention of Soldiers

Kim, Ok-hee(Graduate School of Education, Kookmin University)
Kim, Jung-jin(Head of the Military Police Unit of the 1st Infantry Division)

This study was intended to investigate the effect of the MBTI-based self-growth group counseling program on soldiers' interpersonal conflict resolution method. The research was conducted for 45 private soldiers engaged in military service in the 'X' military unit. The self-growth group counseling program using MBTI was devised and provided for them nine times for 24 hours over the period between May 10 and Jun 1, 2002. To investigate the effect of MBTI self-growth group counseling program on the interpersonal conflict resolution method, this study attempted to investigate its difference before and after the treatment of the program by conducting the pre-test and the post-test of Sternberg and Dobson's(1987) interpersonal conflict resolution method. As a result, the following findings were obtained:

First, it was found that there was a significant difference in the active conflict resolution method.

Second, it was found that there was a significant difference in the passive conflict resolution method.

Third, it was found that there was a significant difference in the interpersonal conflict resolution method. This is consistent with the findings of several studies that a diversity of group counseling programs were useful for interpersonal conflict resolution. The results of this study suggest that it is necessary for private soldiers to resolve their interpersonal conflict that they may undergo in their military life, through the development and practice of diverse self-growth group counseling programs.

***Key words: Self-growth group counseling, Interpersonal relations, Interpersonal conflict resolution method***

# Ⅻ. MBTI 기타 자료

1) 16가지 유형별 대표적 표현

| ISTJ<br>세상의 소금형 | ISFJ<br>임금 뒷편의 권력형 | INFJ<br>예언자형 | INTJ<br>과학자형 |
|---|---|---|---|
| ISTP<br>백과사전형 | ISFP<br>성인군자형 | INFP<br>잔다르크형 | INTP<br>아이디어뱅크형 |
| ESTP<br>수완좋은 활동가형 | ESFP<br>사교적인 유형 | ENFP<br>스파크형 | ENTP<br>발명가형 |
| ESTJ<br>사업가형 | ESFJ<br>친선도모형 | ENFJ<br>언변능숙형 | ENTJ<br>지도자형 |

## 2) 유형별 리더쉽 스타일

| ISTJ | ISFJ | INFJ | INTJ |
|---|---|---|---|
| • 결정하기 위해 사실과 관련된 경험과 지식을 사용한다.<br>• 책임완수를 위해 신뢰할 수 있고 안정되고 일관성있게 성과를 수립한다.<br>• 전통적, 체계적 접근방법을 존중한다.<br>• 업무수행 중 원칙을 준수한 자에게 포상한다.<br>• 조직체계 내에서 일을 잘 한다. | • 처음에는 리더쉽의 수락에 선뜻 나서지 않으나 부탁받으면 받아들인다.<br>• 자신과 남이 조직의 필요, 체계, 계층구조에 순응하기를 바란다.<br>• 막후에서 개인적인 영향력을 행사한다.<br>• 전통적인 절차와 규칙을 성실하게 따른다.<br>• 실질적인 결과에 도달하기 위해 세부사항에 머리를 쓴다. | • 남과조직을 위해 무엇이 최선인지에 대한 자신의 견해를 통해 지도한다.<br>• 요구보다는 협조를 획득한다.<br>• 조용하지만 확고한 행동방향을 활용한다.<br>• 자신의 영감을 실현하려고 노력한다.<br>• 자신의 이상으로 남을 고취시킨다. | • 조직목표를 달성하기 위해 자신과 남을 이끌어 간다.<br>• 아이디어 영역에서는 강력하고 강압적으로 행동한다.<br>• 남에 대해 엄격해질 수 있다.<br>• 개념화, 디자인, 신모델을 구축한다.<br>• 필요한 경우, 앵정하게 전 시스템을 재편성할 수 있다. |

| ISTP | ISFP | INFP | INTP |
|---|---|---|---|
| • 솔선수범으로 리드한다.<br>• 모든 사람을 동일하게 다루는 협동적 팀 접근을 선호한다.<br>• 계층구조 및 권위주의적 평등주의자이다.<br>• 주위의 분쟁에 신속하게 대응한다.<br>• 부하를 느슨하게 관리하며 최소한의 감독을 선호한다.<br>• 모든 행동을 규제하는 대원칙에 입각하여 행동한다. | • 평등주위를 선호하며 협조적인 팀 접근을 선호한다.<br>• 동기부여의 수단으로써 개인적인 충성심을 활용한다.<br>• 비판하기보다는 칭찬하는 편이다.<br>• 가끔 분기하기도 하고 필요에 따라 적응하며 위기에 대처한다.<br>• 다른 사람의 선의에 호소함으로써 조용히 설득해 나간다. | • 용이한 접근로를 택한다.<br>• 보통과는 다른 독특한 리더쉽 역할을 선호한다.<br>• 자신의 비젼을 향해 독자적으로 노력한다.<br>• 남을 비판하기보다는 칭찬하는 편이다.<br>• 자신의 이상에 따라 남이 행동하도록 고무한다. | • 문제와 목표를 개념적으로 분석함으로써 지도한다.<br>• 논리적 시스템 사고를 적용한다.<br>• 자신들이 자율적으로 일을 찾는 반면 다른 독립적인 유형을 지도하기를 선호한다.<br>• 직위보다는 능력에 입각한 대인관계를 맺는다.<br>• 감정차원보다는 지적 차원에서의 상호작용을 추구한다 |

| ESTP | ESFP | ENFP | ENTP |
|---|---|---|---|
| • 위기시 기꺼이 책임을 진다.<br>• 자신의 견해에 부하를 따르게 한다.<br>• 솔직하고 독단적인 스타일일 가지고 있다.<br>• 가장 편한 경로에 따라 움직인다.<br>• 행동과 즉각적인 결과를 추구한다. | • 호의와 팀웍의 증진을 통해 지도한다.<br>• 위기관리에 능통하다.<br>• 갈등요인을 공동으로 해결함으로써 긴장상황을 완화시킨다.<br>• 당면문제에 초점을 맞춤으로써 일이 되게 한다.<br>• 사원들간의 요과적인 상호작용을 유발한다. | • 정열과 열의로 지도한다.<br>• 착수단계의 책임지기를 선호한다.<br>• 사람에 관련된 가치문제에 대해 관심이 많아 때로는 대변인이 되기도 한다.<br>• 남을 포섭하고 지원하려고 노력한다.<br>• 다른 사람의 동기가 무엇인지에 주의를 기울인다. | • 조직의 요구를 제기할 이론적 시스템을 계획한다.<br>• 다른 사람의 독립성을 고취한다.<br>• 논리적 시스템 사고를 적용한다.<br>• 자기가 하려는 바를 위해 확고한 명분을 활용한다.<br>• 사람과 시스템 간의 촉매적 역할을 수행한다. |

| ESTJ | ESFJ | ENFJ | ENTJ |
|---|---|---|---|
| • 지시적인 리더쉽을 추구하며 신속히 착수한다.<br>• 문제해결에 과거경험을 적용, 응용한다.<br>• 상황의 핵심에 접근함에 있어 확고하게 지시한다.<br>• 신속하게 결심한다.<br>• 계층구조를 존중하는 전통적인 지도자처럼 행동한다. | • 남에 대한 개인적인 관심을 통해 지도한다.<br>• 좋은 대인관계를 통해 선의를 얻는다.<br>• 부하에게 정보전달을 잘 한다.<br>• 힘든 일이나 끝마무리에 솔선수범한다.<br>• 조직의 전통을 지지한다. | • 개인적인 열의를 통해 지도한다.<br>• 사람과 프로젝트를 관리함에 있어 참여하는 자세를 취한다.<br>• 아랫사람의 욕구에 민감하다.<br>• 행동을 가치와 일치시키기 위해 조직에 도전한다.<br>• 변화를 고취한다. | • 행동지향적 열성적 접근 방법을 취한다.<br>• 조직의 장기 비젼을 마련한다.<br>• 필요한 경우 직접 관리하고 확고부동하다.<br>• 복잡한 문제를 선호한다.<br>• 가능한 많은 조직을 운용하려 한다. |

### 3) 성격유형별 의사소통의 특징

| ISTJ | ISFJ | INFJ | INTJ |
|---|---|---|---|
| • 시각적 개념(그래프, 챠트)을 선호한다.<br>• 직접적이고 핵심을 찌르는 용어를 많이 사용한다.<br>• 자신의 의견을 고수해 나간다.<br>• 경험을 토대로 정보를 전달한다.<br>• 논리정연하며 실제 사례를 제시한다. | • 의사전달 수단으로 실례나 견본을 활용한다.<br>• 솔직하다.<br>• 명쾌한 대비를 잘 한다.<br>• 학습진행과정을 마무리하기 위해 모든 일을 기록해 둔다.<br>• 우호적이고 인내심이 있다. | • 품위있는 태도로 의사소통을 한다.<br>• 타인의 감성을 우선시 한다.<br>• 타인의 선호성과 가치를 우선시 한다.<br>• 언어에 천부적인 재능이 있다. | • 마음 속에 구체적인 목표를 가지고 의사소통한다.<br>• 시각적으로 정보를 수집한다.<br>• 논리적인 체계를 활용한다.<br>• 편견이 없고 사실적이다. |
| **ISTP** | **ISFP** | **INFP** | **INTP** |
| • 타인과 1: 1의 대화를 선호한다.<br>• 솔직하며 타인에 대해 개방적이다.<br>• 기술적 자료를 좋아한다.<br>• 경험을 통해 학습하고 타인과 교류한다.<br>• 핵심적 정보를 찾아내려 한다. | • 타인의 요구를 잘 알고 있다,<br>• 조용하고 과묵하다.<br>• 감정을 말보다 행동으로 나타낸다.<br>• 말뿐만 아니라 행동에서도 의미를 찾는다.<br>• 먼저 듣고 나서 말한다. | • 문장표현 능력이 뛰어나다.<br>• 설득력이 뒤어나다.<br>• 말보다는 글을 통해 의사소통을 한다.<br>• 관계의 중요성을 강조한다. | • 말보다 글로 의사소통한다.<br>• 전체 상황을 논의 한다.<br>• 1:1 접촉을 좋아한다.<br>• 개념과 아이디어에 대해 이야기하길 좋아한다.<br>• 사람들과 개념토론하기를 좋아한다.<br>• 조용하고 과묵하다. |

| ESTP | ESFP | ENFP | ENTP |
|---|---|---|---|
| • 언어 및 시각적 의사소통 방법을 활용한다.<br>• 실제적인 논쟁을 좋아한다.<br>• 신체, 언어 등을 토하여 정보를 얻는다.<br>• 계획과 운용을 화제로 검토하기를 좋아한다. | • 솔직하다<br>• 단순하고 감성적인 접근 방법을 사용한다.<br>• 대화를 이끌어 나간다.<br>• 대화하는 것을 좋아한다.<br>• 사람과 관련된 내용을 선호한다. | • 가치를 강조한다.<br>• 경청을 통해 정보를 수집한다.<br>• 사람들을 대화로 이끌어 낸다.<br>• 재능과 매력을 통해 신뢰를 얻는다. | • 신속하고 언어표현적이다.<br>• 논쟁적인 문제를 즐긴다.<br>• 재미있게 대화를 이글어 나간다.<br>• 다른 사람들을 동기화시킬 수 있다.<br>• 새로운 정보를 끊임없이 추구한다. |
| **ESTJ** | **ESFJ** | **ENFJ** | **ENTJ** |
| • 언어 및 시각적인 의사소통을 사용한다.<br>• 타인에게 훌륭한 모델 역할을 한다.<br>• 사실을 전달한다.<br>• 세부사항보다 전체적인 윤곽을 선호한다.<br>• 분명하고 솔직하다. | • 흥미진진하게 대화를 이끌어 나간다.<br>• 상대방의 의견을 이해와 동정으로 경청한다.<br>• 언어 전달 능력이 뛰어나다.<br>• 감각을 통해 정보를 구한다.<br>• 상대방의 의견을 높이 평가한다. | • 사람들이 참여하도록 한다.<br>• 상호관계를 통해 배운다.<br>• 의사소통에 육감을 활용한다.<br>• 가치와 전통을 실례로 활용한다.<br>• 글보다는 언어에 능하다. | • 육감에 의지한다.<br>• 정보의 구조를 파악한다.<br>• 특정한 주제에 대해 통론하는 것을 즐긴다.<br>• 사고와 표현이 명료하다.<br>• 언어에 대한 통찰력과 의미파악이 뛰어나다. |

### 4) 의사결정의 원리

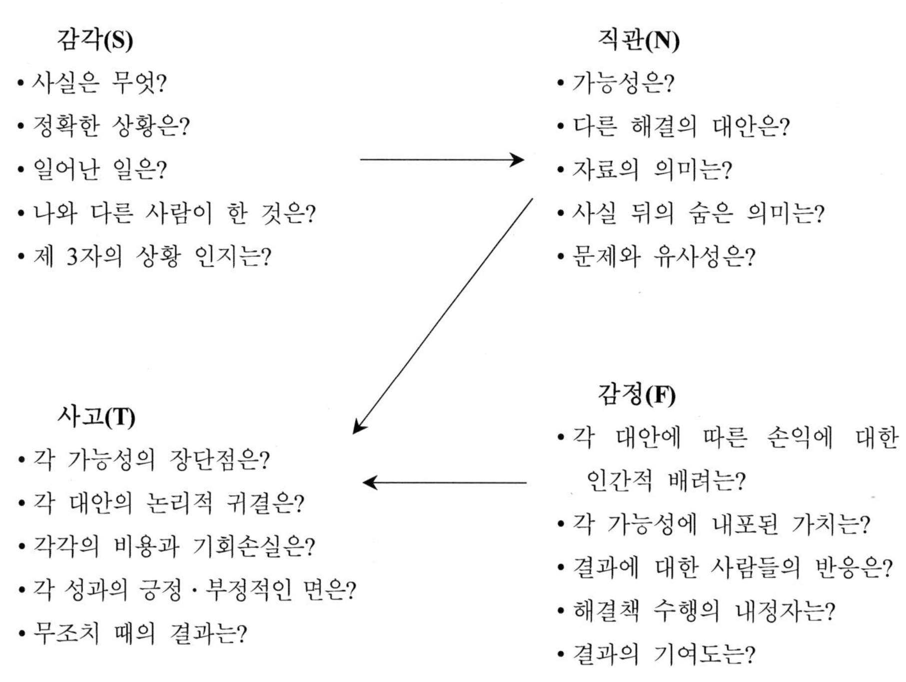

감각(S)
• 사실은 무엇?
• 정확한 상황은?
• 일어난 일은?
• 나와 다른 사람이 한 것은?
• 제 3자의 상황 인지는?
직관(N)
• 가능성은?
• 다른 해결의 대안은?
• 자료의 의미는?
• 사실 뒤의 숨은 의미는?
• 문제와 유사성은?
사고(T)
• 각 가능성의 장단점은?
• 각 대안의 논리적 귀결은?
• 각각의 비용과 기회손실은?
• 각 성과의 긍정 · 부정적인 면은?
• 무조치 때의 결과는?
감정(F)
• 각 대안에 따른 손익에 대한 인간적 배려는?
• 각 가능성에 내포된 가치는?
• 결과에 대한 사람들의 반응은?
• 해결책 수행의 내정자는?
• 결과의 기여도는?


각 단계마다 개방성을 필요로 할 때는 (P)를 사용하고, 다음단계로 움직일 때는 (J) 이용한다.

또 방법에 따라 각 단계를 점검하고 반성할 때는 (I)를 이용하고, 문제해결을 위한 각 단계의 토론에서는 (E)를 사용하여 가장 최적의 결과를 도출하는 것이 중요하다.

## 5) MBTI 성격유형과 진로탐색

| ISTJ | ISFJ | INFJ | INTJ |
|---|---|---|---|
| 1. 관리자 | 1. 간호사 | 1. 종교교육지도자 | 1. 건축가 |
| 2. 회계사 | 2. 사무관리자 | 2. 순수 예술가 | 2. 변호사 |
| 3. 학교장 | 3. 교사: 초, 중, 고 | 3. 성직자 | 3. 컴퓨터 전문가 |
| 4. 회사중역 | 4. 교사: 유치원 | 4. 병리학 의사 | 4. 관리자 |
| 5. 컴퓨터 전문가 | 5. 행정가: 사회봉사 | 5. 교사 | 5. 경영컨설턴트 |
| 6. 치과의사 | 6. 도서관 사서 | 6. 건축가 | 6. 화학자 |
| 7. 엔지니어 | 7. 성직자 | 7. 언론전문가 | 7. 연구직 종사자 |
| 8. 교사 | 8. 의사 | 8. 사회사업가 | 8. 사회봉사자 |
| 9. 군인 | 9. 요식업종사자 | 9. 대학교수 | 9. 엔지니어 |
| 10. 법률시행관 | 10. 아동 보육사 | 10. 마케팅전문가 | 10. 사진사 |
| 11. 행정가 | 11. 법률비서, 서기 | 11. 사회과학자 | 11. 회사중역 |
| 12. 화학자 | 12. 물리치료사 | 12. 도서관 사서 | 12. 대학교수 |
| 13. 인사관련직 종사자 | 13. 영양사 | 13. 유치원교사 | 13. 심리학자 |
| 14. 엔지니어 | 14. 비서 | 14. 심리학자 | 14. 배우 |
| 15. 컨설턴트 | 15. 헤어디자이너 메이크업아티스트 | 15. 의사 | 15. 회계감사원 |
|  | 16. 항공공학자 | 16. 홍보담당자, 광고작가 | 16. 음악가, 작곡가 |
|  |  |  | 17. 생물학자 |

| ISTP | ISFP | INFP | INTP |
|---|---|---|---|
| 1. 군인 | 1. 조사연구원 | 1. 예술가 | 1. 화학자 |
| 2. 엔지니어 | 2. 사무관리자 | 2. 의사 | 2. 컴퓨터 전문가 |
| 3. 법률비서, 서기 | 3. 간호사 | 3. 건축가 | 3. 건축가 |
| 4. 조사연구원 | 4. 법률비서, 서기관 | 4. 편집자 | 4. 예술가 |
| 5. 요리사 | 5. 요리사 | 5. 언론인 | 5. 법률가 |
| 6. 관리자 | 6. 물리치료사 | 6. 사회과학자 | 6. 요식업자 |
| 7. 의사 | 7. 경찰관 | 7. 작가 | 7. 조사연구원 |
| 8. 컴퓨터 프로그래머 | 8. 구조원, 레크레이션 지도자 | 8. 상담가 | 8. 행정가 |
| 9. 변호사 | 9. 비서 | 9. 물리치료사 | 9. 사회과학자 |
| 10. 언론 전문가 | 10. 컴퓨터 오퍼레이터 | 10. 미술, 음악 교사 | 10. 생물학자 |
| 11. 물리치료사 | 11. 종교교육 지도자 | 11. 사회사업가 | 11. 작가, 언론인 |
| 12. 회계사 | 12. 초, 중, 고 교사 | 12. 배우 | 12. 사진사 |
| 13. 회사중역 | 13. 언론 전문가 | 13. 연구직 종사자 | 13. 심리학자 |
| 14. 교사 | 14. 이동보육자 | 14. 교사 | 14. 생명공학자, 물리학자 |
| | 15. 의료기술자 | 15. 요리사 | 15. 배우 |
| | | 16. 생물학자 | 16. 약사 |
| | | 17. 도서관 사서 | 17. 편집자 |
| | | 18. 간호사 | 18. 사업가, 자영업자 |

| ESTP | ESFP | ENFP | ENTP |
|---|---|---|---|
| 1. 마케팅 전문가 | 1. 아동보육사 | 1. 언론인 | 1. 사진사 |
| 2. 경찰관 | 2. 도서관직원 | 2. 상담가 | 2. 마케팅 전문가 |
| 3. 회계감사원 | 3. 회계원, 현금출납원 | 3. 미술,연극,음악교사 | 3. 언론인 |
| 4.. 경호원 | 4. 디자이너 | 4. 심리학자 | 4. 배우 |
| 5. 법률집행관 | 5. 유치원교사 | 5. 종교교육 지도자 | 5. 컴퓨터 시스템 분석가 |
| 6. 정부행정관리자 | 6. 레스토랑 및 요식업 | 6. 성직자 | 6. 의사 |
| 7. 사회복지가 | 7. 종교교육자 | 7. 작가 | 7. 엔지니어 |
| 8. 편집자, 리포터 | 8. 항공엔지니어 | 8. 음악가, 작곡가 | 8. 건축가 |
| 9. 일반사업, 자영업 | 9. 사무원 | 9. 사회과학자 | 9. 홍보직, 광고작가 |
| 10. 은행업 | 10. 보험관계 종사자 | 10. 컴퓨터 오퍼레이터 | 10. 예술가, 연예인 |
| 11. 영업사원 | 11. 컴퓨터 오퍼레이터 | 11. 배우 | 11. 연구원 |
| 12. 약사 | 12. 간호사 | 12. 홍보직, 광고작가 | 12. 법률가 |
| 13. 컴퓨터 프로그래머 | 13. 영업사원 | 13. 사회복지사 | 13. 컨설턴트 |
| 14. 간호사 | 14. 경찰관 | 14. 예술가, 연예인 | 14. 회사 중역 |
| 15. 언론인 | 15. 헤어디자이너 메이크업 아티스트 | 15. 항공 엔지니어 | 15. 레스토랑, 요식업자 |
| 16. 엔지니어 | 16. 은행원 | 16. 조사연구원 | 16. 작가 |
|  | 17. 초, 중, 고교 교사 | 17. 보험관계직 | 17. 생물학자 |
|  |  | 18. 성직자 | 18. 은행직 |

| ESTJ | ESFJ | ENFJ | ENTJ |
|---|---|---|---|
| 1. 관리자<br>2. 교사<br>3. 학교장<br>4. 보험관련직<br>5. 사호히복지사<br>6. 경영컨설턴트<br>7. 판사<br>8. 엔지니어<br>9. 회계사<br>10. 간호사<br>11. 은행원<br>12. 의사<br>13. 경찰관<br>14. 컴퓨터시스템분석가<br>15. 교사 | 1. 초, 중, 고 교사<br>2. 헤어디자이너, 메이크업 아트스트<br>3. 레스토랑, 요식업<br>4. 종교 교육자<br>5. 간호사<br>6. 사무관리자<br>7. 아동보육사<br>8. 현금출납원<br>9. 초등학교교사<br>10. 유치원 교사<br>11. 경호원 | 1. 종교교육 지도자<br>2. 교사<br>3. 배우<br>4. 예술가<br>5. 상담자<br>6. 컨설턴트<br>7. 음악가, 작곡가<br>8. 의사<br>9. 디자이너<br>10. 아동보육사<br>11. 간호사<br>12. 작가, 언론인<br>13. 마케팅 전문가<br>14. 초, 중등학교 행정가<br>15. 약사<br>16. 심리학자 | 1. 컨설턴트<br>2. 변호사<br>3. 인사 관리자<br>4. 컴퓨터조직, 시스템 분석가, 연구자<br>5. 회사 중역<br>6. 마케팅전문가<br>7. 행정가<br>8. 사회과학자<br>9. 생물학자<br>10. 심리학자<br>11. 엔지니어<br>12. 사회복지사<br>13. 사업가, 자영업자<br>14. 생명공학자, 물리학자<br>15. 학교장 |

### 6) 성격유형별 개발할 점과 대비유형의 비교

| | **ISTJ(내향적 감각형)** | **ENFP (외향적 직관형)** |
|---|---|---|
| | 철저하고, 근면하며, 체계적이고, 노력하며 세부사항을 주의하는 신용가, 절약가, 보수파, 준법자형이다. | 의욕적이고 통찰력이 있고 혁신적이며 다재 다능하고 새로운 가능성의 추구에 지칠 줄 모르는 경향이 있는 참여가형이다. |
| 성장을 필요로 하는 전형적 영역 | 1) 나무는 보려하나 숲을 보지 못한다.<br>2) 자신의 신념에 너무 집착한다.<br>3) 위임하거나 거절하기보다 더 많은 책임을 진다.<br>4) 옳다고 생각하며 자타에게 예외 적용 않는다.<br>5) 자신의 찬성과 감상의 뜻을 표현 못한다.<br>6) 항상 심각하다. (책임감, 성실, 모범생) | 1) 현실을 무시하고 사실을 무시한다.<br>2) 세심한 평가 없이 유행, 지도자, 아이디어를 따른다.<br>3) 자신의 정신적, 신체적, 시간적인 한계를 고려 안한다.<br>4) 어려울 때 더 자극 받아 독창적으로 해결한다.<br>5) 자기가 흥미 있는 것만 폭발적으로 한다. (끼) |
| 개발할 점, 지도시 충고제언 | 1) 장기적인 안목을 기르도록 노력해야 한다.<br>2) 대인관계를 위해 자신과 타인 감정에 민감해야 한다.<br>3) 변화와 다른 가능성을 개방할 필요가 있다.<br>4) 예외적인 상황을 인식해야 한다.<br>5) 감사와 기쁨을 함께 나누고 정서 표현, 인간적인 요소를 배려해 본다. | 1) 중요 세부 사항에 관심을 기울여야 한다.<br>2) 다른 사람을 다루는 솜씨가 뛰어나나 직관력과 영감을 허비하고 끌려다닐 수 있으므로 자기의 판단 기능을 개발하여야 한다. |

| | ISTP(내향적 사고형) | ENFJ (외향적 직관형) |
|---|---|---|
| | 관리상황을 숙지하고 사실을 파악하고 임기응변적이고 현실적이며 이성에 의하지 않고는 어떤 것도 신뢰하지 않는 경향이 있는 소비가형이다. | 인간 상호 관계에 능숙하고 이해성이 있으며, 관대하고 남을 인식하며 커뮤니케이션을 촉진시키는 경향이 있는 협조자형이다. |
| 성장을 필요로 하는 전형적 영역 | 1) 가족 상관 동료의 욕구와 소망에 무관심하다.<br>2) 타인의 생각에 지나친 관여를 안 하려 한다.<br>3) 비현실적 기대나 논리적으로 해야 한다는 강박관념이 있다.<br>4) 마음에 없는 일에 칭찬을 안 한다.<br>5) 시작한 것을 완성하지 안 한다.<br>6) 골치 아픈 관계를 조정하기보다 포기한다. | 1) 의사결정과정보다 적절하지 않는 논리성 따른다.<br>2) 일에 대한 비판을 개인적인 비판으로 생각한다.<br>3) 양쪽에서 손해보지 않는 상호 협조를 선호한다.<br>4) 인간관계 사항에 끌려 과업을 소홀히 다룰 수 있다.<br>5) 재난에 대해 정서적으로 지나치게 논쟁한다.<br>6) 많은 의무가 주어짐에 대해 위세를 부린다. |
| 개발할 점, 지도시 충고제언 | 1) 가족, 타인에게 시간 할애하고 개방해야 할 필요가 있다.<br>2) 느긋한 태도 오해받지 않도록 적극성을 함양한다.<br>3) 계획 세워 노력하고 인내심을 함양해야 한다.<br>4) 결정 시 모든 측면을 심사숙고할 시간적 여유가 필요하다.<br>5) 자신의 감정, 감사, 느낌, 정보, 계획을 나누어할 필요가 있다. | 1) 남을 맹신하고 충성하는 경향을 고쳐야 할 필요가 있다.<br>2) 자신의 감정적인 확장이 업무추진에 장애되지 않도록 조심해야 한다.<br>3) 영감과 상상력에 사고기능과 감각기능 강화한다.<br>4) 간결하고 객관적이 되도록 노력해야 한다.<br>5) 현실 상황의 가능성을 보며, 속단경향을 시정해야 할 필요가 있다. |

| | **ESTP(외향적 감각형)** | **INFJ (내향적 직관형)** |
|---|---|---|
| | 가장 효과적인 경로를 택하기를 선호하는 행동지향적, 실용적 임기응변적이고 현실적인 수완가형이다. | 자신의 비젼을 신회하고 조용히 영향력을 행사하며 깊은 동정심과 통찰력을 가지고 화합 추구하는 예언가형이다. |
| 성장을 필요로 하는 전형적 영역 | 1) 둔감하여 다른 사람 고려 않고 그대로 말한다.<br>2) 물질 세계 혹은 소유에 지나치게 몰두하는 경향이 있다.<br>3) 계획 없이 돌진하며, 막판에 영웅적이 된다.<br>4) 지나친 오락 탐닉해 다른 사람 걱정 유발한다.<br>5) 다른 사람에게 일을 갑자기 떠밀고, 자신의 역할 고려하기 전에 타인을 비난하기도 한다. | 1) 남에게 강요하지 못하며 때로 지나치게 자신만 의존한다.<br>2) 미래에 살고 낙관하므로 현재과업을 망각한다.<br>3) 타인을 위한 최선에 대한 자기 신념을 과신한다.<br>4) 타인을 자기 세계나 생각에 유도하지 않고, 타인이 자신을 돕는 방법을 알려주지 않으며, 자신의 능력을 스스로 주장하기보다 타인이 헤아려야 한다고 생각한다. |
| 개발할 점, 지도시 충고제언 | 1) 끈기와 인내 악착스러움을 더 육성해야 한다.<br>2) 타인의 감정 흐름에 민감해야 한다.<br>3) 사전 계획 없이 다음 행동에 뛰어들지 말아야 한다.<br>4) 물질의 즐거움의 이면을 볼 수 있어야 한다. | 1) 비판에 정면대결하고 자신을 과하게 의존 않도록 한다.<br>2) 남에게 건설적인 피드백 주는 법을 배워야 한다.<br>3) 자신의 비젼과 남의 비젼을 검토할 필요가 있다.<br>4) 현재상황에서의 과업완수에 대해 여유, 개방적 대처가 필요하다.<br>5) 자신의 생각을 전달, 옹호하는 방법 육성 필요하다. |

| | ESTJ (외향적 사고형) | INFP (내향적 감정형) |
|---|---|---|
| | 논리적 분석적, 결정적이며 의지가 강하고 미리 사실과 업무를 조직화 할 수 있는 추진가형이다. | 자신의 업무가 문제 해결에 공헌되기를 원하는 이상주의적이고 개방적이며, 통찰력, 융통성이 있는 예술가형이다. |
| 성장을 필요로 하는 전형적 영역 | 1) 너무 일 중심으로 다른 사람이 맡은 역할 무시한다.<br>2) 일사천리 일 추진, 자신의 행동방침 유일하게 믿는다.<br>3) 모든 필요자료를 수빈하기도 전에 결정 내린다.<br>4) 다른 사람에 대한 기대 너무 경직되어 있다.<br>5) 발걸음 멈추고 장미향을 맡을 여유가 부족하다.<br>6) 장기간 감정과 가치관이 무시회면 감정폭발한다.<br>7) 변화의 필용성을 발견하지 못한다. | 1) 완벽주의가 아니면 꾸물댄다.<br>2) 상대에게 부정적인 마음을 숨기려고 한다.<br>3) 해보지 않고 해보았다고 말할 정도로 이상주의.<br>4) 자신의 가치를 타인의 가치보다 높게 평하가는 경향이 있다.<br>5) 자신의 비젼을 사실과 상황논리에 조절하지 못함.<br>6) 행동보다 반성에 더 많은 시간을 소모한다.<br>7) 너무 많은 사람을 만족시키려하므로 객관적 입장 취해야 한다. |
| 개발할 점, 지도시 충고제언 | 1) 인간적 요소요인분석하고 결정전에 모든 측면 고려할 필요가 있다.<br>2) 남을 인정하기 위한 특별한 노력이 필요하다.<br>3) 지나치게 일 중심적이며 열심히 일하는 자 선호한다.<br>4) 다른 사람의 공로를 인정하고 보상하라.<br>5) 작은 일에 친절하고 개방 범위를 확대해야 한다.<br>6) 변화와 새로운 시도, 추상적인 이론을 고려해야 한다. | 1) 사실과 자신의 아이디어의 논리적 분석 필요하다.<br>2) 많은 사람 만족시키다 쉽게 상처받는 경향 있다.<br>3) 다른 사람이 일의 일부를 하도록 하라.<br>4) 행동 계획 수립, 확고한 주장으로 타인요청 거부해야 한다.<br>5) 마음에 들지 않는 사람도 다시 호감얻을 기회를 제공해야 한다.<br>6) 완벽대응보다 실질적 일하는 법을 배울 필요 있다.<br>7) 시간 관리에 노력할 필요가 있다. |

| | ISFJ (내향적 감각형) | ENTP (외향적 직관형) |
|---|---|---|
| | 동정적이며 충실하고 이해성이 있고 친절하며 지원을 요청하는 사람을 위해 어려움도 무릎쓰고 도우려고 하는 보호자형 | 혁신적이며 개인주의적이고 다재 다능하고 분석적이며 기업가적 아이디어에 매력을 느끼는 능력가형이다. |
| 성장을 필요로 하는 전형적 영역 | 1) 마땅히 인정받아야 할 때 인정받지 못한다.<br>2) 이용당하는 느낌이 들어도 표현하지 못한다.<br>3) 타인을 돌보기 위해 자기 욕구를 무시한다.<br>4) 지도자 역할을 회피한다.<br>5) 다른 사람이 미루는 일을 맡아서 한다.<br>6) 일이 생기는 대로, 목록대로 일하는데 우선권 안 둔다. | 1) 경쟁적이며 현실보다 이론에 더 밝다.<br>2) 5대양 6대주가 자기무대. 모든 것을 안다는 식.<br>3) 다재 다능, 감정기복 심해 얼굴에 나타남, 관심 대상이 되고자 함.<br>4) 규칙을 악용, 허점이요, 타인의 눈을 속이기도 한다.<br>5) 자신, 조직의 자원 등을 지나치게 확대한다.<br>6) 모델에 몰입하여 현재의 실제를 망각한다.<br>7) 표준 절차에 잘 적응하지 못한다. |
| 개발할 점, 지도시 충고제언 | 1) 주체성, 독단성 육성, 명령, 지시 역할 익숙해지도록 노력한다.<br>2) 미래 지나치게 비관하므로 장기적인 안목으로 미래 보아야 한다.<br>3) 자신의 성과 홍보하고 눈에 뜨이게 하는 방법의 개발이 필요하다.<br>4) 욕구충족을 위해 타인 돕기보다 자신의 친구 되어야 한다.<br>5) 겉으로 안정되었으나 속으로 썹는다. 상황과 남의 요망에 대해 유연하여야 한다.<br>6) 견해를 발표할 때 확신있게 하고, 자기 자랑과 다른 이의 관심을 수용하는 연습 필요하다.<br>7) 다른 이에게 자신의 공로를 보여주고, 자신의 몫을 찾고, 타인의 일은 그들의 관계로 처리하게 두어라. | 1) 다른 사람의 노력에 경쟁적이 되어 쉽게 인정하려 들지 않는다. 칭찬, 격려 표시해야 한다.<br>2) 자신을 과도하게 확장시킨다.<br>3) 초반 흥미 있으나 끝마무리 못하므로 끝까지 해야 한다.<br>4) 새 가능성 도전 많으므로 판단 기능을 개발해야 한다.<br>5) 타인을 어떻게 생각하고 느끼는지 고려해야 한다.<br>6) 현실적 우선 순위와 일정 계획 세워서 하여야 한다. 왜냐하면 일상 규범 표준저차를 경시하는 경향이 있기 때문이다. |

| | ISFP (내향적 감정형) | ENTJ (외향적 사고형) |
|---|---|---|
| | 점잖고, 이해성이 있고, 불행한 사람에게 동정적이고 공개적인 유연한 접근 방법을 가지고 있는 은정가형 | 논리적, 조직적, 체계적, 객관적이며 자신이 개념상 타당하다고 보는 견해에 확고한 경향이 있는 활동가형 |
| 성장을 필요로 하는 전형적 영역 | 1) 속기 쉽고 너무 잘 넘어간다.<br>2) 지나치게 자기비관적인 경향이 있다.<br>3) 갈등을 덮어두려고 한다. (깊은 감정 표현않고 침묵)<br>4) 타인 고통에 감정이입 너무 잘되 분별 안된다.<br>5) 감정 위협받거나, 곤란한 상황일 때 움츠려든다.<br>6) 자신이 편안한 상태를 벗어나는 것을 꺼린다. | 1) 사람들과 과정을 지나치게 구조화하거나 통제한다.<br>2) 자신의 전략을 지나치게 확신한다.<br>3) 너무 서두르므로 과정 중 참을성 없게 행동한다.<br>4) 세상은 자신이 운영해야 한다고 생각한다.<br>5) 자신과 다른 사람의 삶의 목표설정 엄격한 적용을 요구한다.<br>6) 자기 자신의 감정을 무시하고 억압한다. |
| 개발할 점, 지도시 충고제언 | 1) 단호하게 결정 못하고 맺고 끊지 못한다.<br>2) 더 의심해보고, 가능성 타진, 분석력을 강화해야 한다.<br>3) 자신의 능력을 알리고 남을 비판하는 힘을 길러야 한다.<br>4) 보다 미래지향적 전망과 전체를 보는 눈을 개발해야 한다.<br>5) 보다 독단적이고 명령하는 태도를 육서해야 한다.<br>6) 쉽게 마음상하여 물러나지 말고, 갈등과 맞서며 그 갈등을 자신과 타인의 욕구와 소망을 명백하게 하는 방법으로 이해하도록 노력해야 한다. | 1) 일 해도 타인의 공헌과 감정을 인정하지 않아 욕을 먹으므로 타인인정하며 요구 귀기울여야 한다.<br>2) 앞으로 달려가기 전에 실질적, 개인적, 상황적 가용 자원 검토 할 필요가 있다.<br>3) 자신과 타인의 감정 인정하고 이해하고 표현하는 방법 배워서, 억압하거나 중압감 주지 말아야 한다.<br>4) 타인의 개입을 허용, 타인의 잠재지도력 개발해야 한다.<br>5) 강압적으로 보이지 않도록 하고, 현재를 사는 연습, 단순사고, 자신한계 설정해야 한다. |

| | ESFP (외향적 감각형) | INTJ (내향적 직관형) |
|---|---|---|
| | 친근하고 사교성이 풍부하며 즐거움을 추구하고 호인하며 천성적으로 인간 지향적 접대자형 | 독립적, 개인주의적이며, 순수하고 결심이 굳은 사람으로 팽배한 회의주의에 무관하게 자신의 가능성에 대한 비젼을 확신하는 과학가형 |
| 성장을 필요로 하는 전형적 영역 | 1) 사교하는데 시간 낭비하고 과업 망각한다.<br>2) 주관적 정보를 지나치게 강조하지 말아야 한다.<br>3) 타인의 짐을 대신 지느라 분주하고, 그 만큼 대접 못 받아 상처받으면 자기 안에 몰두한다.<br>4) 자·타의 외형적이고 개인적인 모습을 과다의식.<br>5) 친절하려고 하다 자신의 진실된 견해 태도 표현 못한다.<br>6) 자신의 세계와 일 설명하는 체계 찾지 않는 점. | 1) 다른 사람 관점 끝까지 허용 안 함, 접근, 도전 두려워 한다.<br>2) 자신의 이상을 추구함에 있어서 남을 비판한다.<br>3) 자신 이외는 누구도 그 일을 더 잘 할 수 있음 부인.<br>4) 결과를 알므로 다른 이가 결과 놓칠 때 이해 못함.<br>5) 타인을 훈련/개발하는데 시간, 노력 투자 안한다.<br>6) 타인의 감정을 고려하고 타인의 관점에 귀기울여야 한다.<br>7) 참을성 없음, 타자에게 미치는 자신의 영향 자각하지 못하고 자신의 세계 속에서 길을 읽는다. |
| 개발할 점, 지도시 충고제언 | 1) 논리적이고 분석적인 기능을 육성해야 한다.<br>2) 일과 레크레이션 조화하고, 시간 관리해야 한다.<br>3) 일을 시작하기 전에 전체 계획을 세울 필요가 있다.<br>4) 주관적 데이터를 지나치게 강조 말아야 한다.<br>5) 시작한 일을 끝내지 않는 경향을 고쳐야 한다.<br>6) 자신의 진지한 면 부각하고, 자신의 입장 분명히 하고 자신의 가치 활용 후 고수하도록 노력한다. | 1) 피드백, 제안을 수용하고 감정의 가치 알아야 한다.<br>2) 타인 인정하고 비현실적 아이디어 포기해야 한다.<br>3) 자기가 잘못하지 않으면 시인 않고 대인관계 잘 못한다.<br>4) 일을 하는 속에서 관계형성 되므로 명석한 분석력을 대인관계에 적용하여 인간미 없다는 평가를 받는다.<br>5) 자신의 아이디어, 스타일이 남에게 미치는 영향 고려.<br>6) 비현실적 아이디어를 너그러이 봐주는 어려움 있다. |

| | ESFJ (외향적 감정형) | INTP (내향적 사고형) |
|---|---|---|
| | 도움을 주고자 하고, 기지가 있고, 동정적이며, 질서정연하며, 인간 상호작용의 조화에 높은 가치를 두는 경향이 있는 협조자형 | 이성적이고, 호기심이 많고, 이론적이고 추상적이며, 상황이나 인간보다 아이디어를 조직화하는 것을 선호하는 철학가형 |
| 성장을 필요로 하는 전형적 영역 | 1) 도우려다 남의 일에 간섭하게 된다.<br>2) 다른 사람이 필요로 하는 것을 먼저 말해버린다.<br>3) 동정심이 많아 다른 사람과 지나치게 동일시<br>4) 일에 대한 욕구 무시한 채 사람의 욕구와 봉사하고자하는 가치에 더 초점을 맞춘다.<br>5) 갈등회피하고 문제를 덮어둔다.<br>6) 말을 많이 하고 수다 떨음, 자신 희생, 자신 욕구를 망각한다. | 1) 지식을 위해 지식을 추구하려는 경향이 있다.<br>2) 지나치게 지적으로, 이론적으로 설명하며, 다른 사람을 복잡한 설명으로 당황하게 만든다.<br>3) 팀웍, 조화 희생하면서 사소한 불일치 집착한다.<br>4) 자신의 비관적 분석적 사고를 사람에게 지향하여 타인에게 냉담, 인간미 부족하게 보인다.<br>5) 타인, 자신의 상관의 추론과 논리 결함도 지적.<br>6) 생각 속에 빠져 자·타의 욕구를 망각한다.<br>7) 다른 이들이 논리적으로 행동할 것이라 기대 |
| 개발할 점, 지도시 충고제언 | 1) 남을 즐겁게 하는 욕망 때문에 자신 업무 소홀.<br>2) 타인과 조직을 위한 최선의 길 안다고 자부.<br>3) 속단하고 당위적인 규정, 규율 많다.<br>4) 반대의견, 요구 거절시 개인적 처리, 쉽게 상처 입는다.<br>5) 자신의 결정의 논리적, 전체적 의미 음미 필요.<br>6) 타인이 진짜 원하는 것이 무엇인지 진지하게 청취<br>7) 언제나 한걸음 물어나 더 큰 의미 보아야 한다. | 1) 구체적인 세부사항에 착안하여 꾸준하게 일을 추진 할 필요가 있다<br>2) 사물을 보다 간단하게 표현할 필요가 있다.<br>3) 자기가 잘못하지 않으면 시인 않고 대인관계 잘 못한다.<br>4) 지나치게 추상적, 비현실적, 지적, 이론적인 것 피해야 한다.<br>5) 남의 개인적, 전문적 측면을 보다 잘 알도록 노력할 필요가 있다.<br>6) 지나친 분석적 사고, 비판을 대인관계에 적용. |

## 7) 16가지 유형별 설명

### (1) ISTJ 세상의 소금형

실제 사실에 대해 정확하며, 체계적으로 기억한다.
일처리에도 신중하고, 책임감 강하다.
집중력이 높고, 강한 현실감각 지녔다. 실질적이고 조직적으로 일처리를 한다.
충동적으로 일처리 하지 않으며, 일관성있고, 관례적이며, 보수적인 입장을 가진다.
개인적인 반응을 얼굴에 잘 드러내지 않으나, 상황을 대단히 개인적으로 수용한다.
과거의 경험을 이용하여 문제를 해결한다.
반복되는 일상에 대한 인내력이 강하다.

신뢰성이 있고, 현실적, 실용적인 면을 지닌다.
위기상황에 대처할 때도 차분하고 안정되어 있다.
어떤 사람인가 아는 데는 상당한 기간이 걸린다.
외면적으로 볼 때 차분하게 보이나, 상황을 심각할 정도로 개인적으로 수용한다.
철저하고, 건실하고, 체계적이며, 세부적인 사항과 절차에 세심하다.
충동적으로 일에 뛰어 들지 않으나, 한번 관련이 되면 중단하거나 단념하는 것은 어렵다.

조직력과 정확성에 대한 능력이 잘 나타나는 직업을 선택하는 것이 좋다.
- 회계, 토목, 법, 생산, 건축, 보건업, 사무직....

주기능인 감각기능(S)과 부기능인 사고(T)기능을 일처리나 대인관계에서 사용하므로 타인도 자신과 같이 논리적으로 분석적이라고 생각하기 쉽다. 또한 자신과 타인의 감정이나 기분을 무시하는 위험성이 있다.
일처리나 자신의 행동에 대한 결정을 내릴 때는 사고기능을 사용하고, 타인을 이해하는데 감정기능을 활용하려는 노력이 필요하다.
결정상황에서 타인들의 직관력에 주의를 기울일 필요가 있다.

<주의할 점>

- 세부적이므로, 장기적인 안목을 키워야 한다.

대인관계의 섬세함을 무시하기 쉬우므로 자신과 타인의 감정에 민감할 필요가 있다.

자신의 방법, 생각을 고집하기 쉬우므로 변화와 다른 가능성에 개방해야 한다.

지나치게 책임을 지고, 직책이 요구한 이상으로 일을 심각하게 다루는 경향이 있다.

정서표현에 노력할 필요가 있으며 자신과 타인의 인간적 요소를 배려할 필요가 있다.

• 나는 해야 할 일의 목록을 진지하게 사랑한다. 나는 몇 시간 동안이고 앉아서 독서하고 조직화하고 나의 주간 스케줄을 재조정할 수 있다.

**(2) ISFJ 임금님 뒷편의 권력형**

책임감이 강하고 온정적, 헌신적이다.

세부적이고 치밀성, 반복을 요하는 일을 끝까지 해나가는 인내력이 높다.

침착성과 인내력이 집단의 안정성에 기여한다.

타인의 사정을 고려하며 자신과 타인의 감정의 흐름에 민감하다.

현실감각을 지니고 일처리를 하며, 실제적이고, 조직적으로 이행한다.

경험을 통해 자신이 틀렸다고 인정하기까지 어떠한 난관이 있어도 꾸준히 밀고 나가는 형이다.

위기상황에 대처할 때도 차분하며 안정되어 있다.

외면의 차분함 뒤에 심할 정도로 개인적인 감정을 느끼고 있음을 알기가 어렵다.

열심이며 세부적인 사항과 절차에 세심하다.

일을 완성하기 위해서 필요한 세부적이고 사소한 일을 해낼 수 있고, 인내력은 모든 연관된 일을 안정시킨다.

의료직업 등 세심한 관찰력과 인간에 대한 관심을 연결할 수 있는 직업을 선택한다. 그 외 교사직, 사무직, 서비스나 사람을 돌보는 직업이나, 정확성과 조직에 관한 강한 관심 때문에 감독직을 맡기도 한다.

주기능인 감정기능(F)을 많이 활용한다. 친절하고, 동정적이고, 재치있고, 진심으로 염려해 준다. 이것은 지지, 수용을 필요로 하는 사람에게 매우 도움이 된다.
판단기능이 개발되어야 한다.

그렇지 않으며 효율적으로 되기 어렵고, 감각에만 의존하게 된다.

실용적인 판단과 노력하는 것에 대한 인정을 중시한다.

일처리에 있어 보수적이고 일관성을 중시한다.

<주의할 점>

- 명령하고 지시하는 역할에도 익숙해지도록 노력해야 한다.

장기적인 안목으로 미래를 볼 필요가 있다.

자신의 견해를 남에게 발표할 때 충분한 확신을 갖도록 해야한다.

조용하고 표면에 나서지 않는 경향 때문에 실제보다 낮게 평가되기 쉽다.

상황이나 남의 요구에 대해 충분한 판단, 비판력을 키울 필요가 있다.

• 나는 자녀들이 그들을 완전히 이해하고 있는 누군가가 있음을 느끼기를 원한다. 나는 그들을 위한 안식처가 되기를 원한다.

**(3) INFJ 예언자형**

창의력과 통찰력이 뛰어나다. 강한 직관력으로 의미와 진실된 관계를 추구한다.

뛰어난 영감으로 말없이 타인에게 영향력을 가진다.

독창성과 사적인 독립심이 강하며, 확고한 신념과 뚜렷한 원리원칙을 가지고 공동의 이익을 가져오는 일에 심혈을 기울이고 인화와 동료애를 중요시하는 경향이 있다.

열정과 신념으로 자신의 영감을 구현시켜 나가는 위대한 정신적 지도자들이 많다.

남에게 강요하기 보다 행동과 권유로 사람들의 마음을 움직여 따르게 만드는 지도력이 있다.

직관력과 사람중심의 가치를 중시하는 분야, 즉 고등교육, 목회, 심리학, 상담, 예술과 문학 분야에서 능력을 발휘한다.

반복되는 단순작업은 직관력과 영감, 통찰력을 질식케 하며, 비능률적이 된다.

오로지 한곳에 몰두하는 경향으로 목적달성에 필요한 주변적인 조건들을 경시하기 쉽고 따라서 난관에 부딪칠 때가 있다.
자기 안의 갈등이 많고 복잡하다.
현실을 있는 그대로 수용하고자 하며, 현재를 즐기려는 노력이 필요하다.

주기능은 직관기능(N)이녀 영감에 의해 지배되며 내면적으로 독립적이고 개인적인 경향을 띤다.
열등기능인 감각기능(S)을 개발할 필요가 있다. 그렇지 않으면 자신의 영감속에 갇혀 현실과 유리된 상황을 맞을 우려가 있다.
또한 판단기능이 개발되어 있지 못하면, 내면의 비전을 평가할 수 없게 되고, 타인의 피드백을 경청할 수 없게 된다.

<주의할 점>
- 조직내의 정치성과 자신의 아이디어를 전달, 옹호할 기법을 육성할 필요가 있다.
자신의 비전과 남의 비전을 현실에 비추어 검토할 필요가 있으며, 정기적으로 남에게 진실한 피드백을 주는 방법을 배울 필요가 있다.
현재 상황에 무엇을 완수할 수 있는가에 대해 여유있고 보다 개방적일 필요성이 있으며 외골수로 빠지는 성향을 주의할 필요가 있다.
남에게 강요하지 못하며 비판에 정면으로 대결하지 못하고 너무 지나치게 자신에게 의존한다.

• 어머니로서의 나의 즐거움은 아이들과 나 자신을 위한 자기발견이라고 생각한다.

**(4) INTJ 과학자형**

행동과 사고에 있어 독창적. 내적인 신념과 비전이 강하다.
16가지 유형 중 가장 독립적이고 단호하고, 문제에 대해 고집이 세다.
자신의 목적을 실현시키려는 의지와 결단력과 인내심 지닌다.
목적달성을 위해 온 시간과 노력을 바친다.
직관력과 통찰력이 활용되는 분야(과학, 정치, 철학...)에서 능력을 발휘한다.
일상 반복되는 직종에서는 능력을 발휘하지 못한다.
목적을 향해 외골로 치닫는 경향으로 다른 사람들의 관점을 경시할 수 있어 문제가 될 수 있다.

때로 자신과 타인의 감정이나 가치관을 소홀히 다루므로 반대 입장의 사람들에게 힐책을 당할 수 있다.

명석한 분석력 때문에 일과 사람을 있는 그대로 수용하고 음미하는 것이 어렵다.
현실을 있는 그대로 보고자하고, 구체적이고 사실적인 면을 보려고 노력해야한다.
타인의 감정을 고려하고 타인의 관점에 귀기울이는 노력이 필요하다.

"영감"에 대해 확실한 가치를 두고 영감이 실제로 행해지고, 타인들에 의해 수용되고 응용되는 것을 보고싶어 한다. 그것을 위해 시간과 노력을 기꺼이 투자한다.
스스로 열심히 하는 만큼 다른 사람들도 일을 열심히 할 것을 기대한다.

주기능은 직관기능(N)이며, 열등기능은 감각기관(S)이다. 그러나 3차 기능인 감정기능을 개발할 필요가 있다. 그렇지 않으면 타인의 가치관과 감정을 무시할 수도 있다. 자신이나 타인의 감정기능의 가치에 대해 충분한 참작을 하지 않고 과도하게 억압하고 있으면 여러 가지 압박감을 유발시킬 수 있으며, 적합하지 않은 방법으로 표출될 수 있다.
분석력이 뛰어나서 남을 인정한다는 것이 어려울 수 있지만, 개인적인 관계뿐만 아니라, 일에 대해서도 남을 인정하는 것이 필요하다.

<주의할 점>
- 타인의 피드백과 제안을 수용할 필요가 있으며, 감정의 가치에 주의를 기울 일 필요가 있다.
남을 인정하는 방법을 배울 필요가 있고, 비현실적 아이디어를 포기하는 것을 배울 필요가 있다.
자신의 아이디어와 스타일이 남에게 미치는 영향에 대해 좀더 주의를 기울일 필요가 있다.
지나치게 확신적이고 조금도 양보가 없으며 남들이 접근하거나 도전하는 것을 두려워한다.
명석한 분석력을 지나치게 대인관계에 적용하려는 경향으로 인간미가 부족하다는 오해를 종종 받을 수 있다.
• 나의 아이들은 "하지만 다른 사람들은 다 그렇게 하고 있어요"라고 나에게 말하

는 것보다 그들 자신의 견해를 주장하는 것이 더 낫다.

**(5) ISTP 백과사전형**

조용하고 말이 없으며, 논리적, 분석적이고, 객관적으로 인생을 관찰하는 형이다.

사실적인 정보를 조직하기 좋아하는 반면 일과 관계되지 않은 이상 어떤 상황이나 사람들 일에 직접 뛰어들지 않는다.

일상 생활에 적응력이 강하다.

필요이상 자신을 개방하지 않고, 가까운 친구 외에 사람들과 사귀지 않는다.

논리적, 분석적, 객관적으로 비판하고, 객관적 추론에 의한 것에 확신을 가진다.

열정적이지만 조용하고 호기심이 많으며 사람을 사귈 때 친한 친구들을 제외하고는 수줍어한다.

자신이 많은 정보를 제공할 수 있는 어떤 주제에 대해서 꽤 많은 말을 할 수 있어도, 조용하며 표현을 억제하는 편이다.

손재주가 뛰어나고 스포츠와 야외에서 노는 것이나 그들의 감각에 많은 정보를 제공해 줄 수 있는 일들을 좋아한다.

현실감각이 뛰어나고 임기 응변력이 풍부하다.

주기능은 사고기능(T)으로 매우 논리적 접근을 하며, 어떤 일을 비논리적이라는 이유 때문에 중요하지 않다고 단정해버리기도 한다.

뛰어난 특색은 "노력을 절약"한다. 지나치게 편의적이며, 노력 절약의 경향이 있다.

시간포착이나, 긴급한 상황에 대비하는 뛰어난 감각으로 위기를 잘 포착한다.

<주의할 점>

- 계획을 세우고 바라던 결과성취에 필요한 노력을 경주하며, 인내심을 함양할 필요가 있다.

결정하기 전에 모든 측면을 숙고하고 고려할 시간 여유를 가질 필요가 있다.

지나치게 편의적, 노력 절약 경향이 있으므로, 열성과 적극성을 키워야 한다.

느낌이나 감정, 타인에 대한 고마운 마음을 표현하기 어려워 할 때가 많다.

자신의 마음속에 있는 느낌, 생각, 정보, 계획을 개방하고 타인과 나누는 노력이 필요하다.

• 나의 감정은 나 자신의 것이다. 나의 자녀들이 간섭할 것이 아니다. 그러므로 나 역시 그들의 사생활을 존중한다.

**(6) ISFP 성인군자형**

말보다는 행동으로 따뜻함을 나타내며, 마음이 따뜻하고 동정적이다.
양털 넣은 오버코트처럼 속마음이 따뜻하나, 상대방을 잘 알게 될 때까지 이 따뜻함을 잘 드러내지 않는다.

사람이나 일을 대하는데 자신들의 내적인 이상향과 개인적인 가치에 준하여 대하며, 말로써 잘 표현하지 않는다.
자기 능력에 대해서 모든 성격유형 중 가장 겸손하다.
적응력과 관용성이 많으며, 삶의 현재를 즐기는 형이다.
자연에 대한 사랑과 미적 감각이 뛰어나다.
일의 목표 도달에 안달하지 않으며 여유를 가진다.

실질적 대가보다 인간을 이해하고 그들의 기쁨이나 건강 등 공헌하는 일에 관심이 많다.
이 분야의 일을 신념을 가지고 할 때 완벽주의에 가깝게 서두르지 않으면서 처리한다.
의료, 교직, 예술, 성직, 사회사업, 생산분야 등이 적합하다.
자신과 타인의 감정에 지나치게 예민하고 민감할 수 있으며, 결정력과 추진력이 요구될 수 있음을 고려할 필요가 있다.

모든 것을 정신적 이상과 개인적인 가치관에 의해 판단하고, 생활에 있어 매우 개인적으로 접근한다. 가치관은 정열적 확신으로 차있지만, 그들이 관심을 가지고 있는 타인의 의견에 영향을 받는다.
그들의 깊은 감정은 거의 표면화되지 않고, 내적인 온유함은 고요한 침묵으로 가려져 있다.
일상활동에 있어서 관용적, 개방적, 융통성, 적응력이 있다.
그러나 내적 충실성이 위협을 당하면 조금도 양보를 하지 않는다.

감정기능(F)이 주기능이며, 사고기능(T)이 열등기능이다.

이들은 보수가 얼마이든 상관없이 보수보다 높은 목적의식을 가지길 원한다. 관심있는 일에 대해 완전함을 추구하고 특히 헌신과 뛰어난 적응력을 필요로 하는 일에 적합하다.

잘하는 일은 당연한 것으로 여기고, 자신을 경시하거나 과소 평가하는 경향이 있다. 때로 너무 민감해지고 감정이 쉽게 상하게 된다.

**<주의할 점>**

- 더 의심해 보는 습관, 다른 가능성을 타진해보는 습관을 기르고 정보를 그대로 받아들이기보다는 분석하는 방법을 육성할 필요가 있다.

자기 자신의 능력을 남에게 알리고, 남에게 부정적 피드백을 돌려주는 방법을 배울 필요가 있다.

보다 독단적이고 명령하는 태도를 육성할 필요가 있다.

보다 미래지향적 전망을 개발할 필요가 있으며, 전체의 맥락을 보고자 노력함이 필요하다.

지나치게 신뢰하여 잘 속으며, 남을 비판하지 못하는 반면 쉽게 마음의 상처를 입는다.

• 다른 사람들을 기쁘게 하는 데는 하루면 충분했지만 "아니오"라고 말 할 수 있음을 깨닫는 데는 30년이 걸렸다.

**(7) INFP 잔다르크형**

마음이 따뜻하나 상대방을 잘 알기 전에는 표현을 잘하지 않는다.

조용하며 자신이 관계하는 사람이나 일에 대하여 책임감이 강하고 성실하다.

자신이 지향하는 이상에 대하여는 정열적인 신념을 지닌다.

자신이 지닌 내적 성실성과 이상, 깊은 감정과 부드러운 마음을 좀처럼 표현하지 않으나 조용하게 생활속에서 배여 나온다.

이해심과 적응력이 많고 대체로 관대하고 개방적이다.

내적인 신의가 위협을 당하면 한치의 양보가 없다.

남을 지배하거나 좋은 인상을 주고자 하는 경향이 거의 없다.

어떤 일에 관심을 가질 때 완벽주의적으로 나가는 경향이 있다.

노동의 대가를 능가해서 자신이 하는 일에 의미를 찾고자 하는 경향이 있고,
인간이해와 인간복지에 기여할 수 있는 일을 원한다.
새로운 아이디어에 대한 호기심이 많고 통찰력과 긴 안목으로 앞을 내다본다.
언어, 학문, 심리학, 상담, 문학 예술 분야에서 능력을 발휘한다.

때로 지나치게 일을 벌려 놓는 경향이 있다.
자신의 이상과 현실이 안고 있는 실제상황을 고려하는 능력이 필요하다.
너무 많은 사람을 동시에 만족 시키고자 하는 부담에서 벗어나려는 노력과 객관적인 입장을 취하는 태도가 때로 필요하다.

책과 언어에 관심을 갖고 있고, 표현에 있어서 뛰어난 작가가 될 수 있는 천재성을 가지는 경향이 있다.
열성을 가지고 있는 부분에 대해 설득력이 있고 독창적일 수 있으며, 열성은 조용하지만 깊이 자리 잡고 있다.
주기능은 감정기능(F)이며, 이상을 표현하기 위해서 직관기능을 이용하는 것은 중요하다. 그렇지 않으면 불가능한 것을 계속 꿈꾸며 실제적인 성취는 극히 적을 수 있다.
열등기능은 사고기능(T)이다.

<주의할 점>

- 지나치게 완벽주의로 나갈 경향이 있다.

동시에 너무 많은 사람들을 만족시키려 드는 경향이 있고, 쉽게 상처받는 경향이 있다.
행동보다 반성에 더 많은 시간을 소모하므로 실질적으로 일하는 방법을 배울 필요가 있다.
사실과 자신의 개인적 아이디어를 논리적으로 분석할 필요가 있다.
행동 계획을 수립하고 확고한 주장을 가지고 때로 타인의 요청을 거부할 수 있도록 노력해야 한다.

• 나는 아이들이 내부에는 그들을 위한 최선이 무엇인지를 그들에게 말해주는 진실이 있음을 믿는다. 나는 항상 그러한 진실에 귀를 기울이고자 한다.

### (8) INTP 아이디어뱅크형

조용하고 과묵하나 관심이 있는 분야에 대해 말을 잘한다.

사람 중심의 가치보다 아이디어에 관심이 많고, 분석적, 논리적, 객관적 비평을 잘한다.

일의 원리와 인간관계에 관심이 많으며 실체보다는 실체가 안고 있는 가능성에 관심이 많다.

이해가 빠르고 높은 직관력으로 통찰하는 재능과 지적 관심이 많다.

개인적인 인간관계나 잡담에는 흥미가 없다.

사람을 사귀는데 있어서 소수의 가까운 사람들을 주위에 두고 있다.

때로 어떤 아이디어에 몰입하여 주위에서 돌아가고 있는 일을 모를 때가 많다.

뚜렷한 흥미 선호를 나타내므로 그들의 지적 호기심을 활용할 수 있는 분야의 일에서 능력발휘 한다.

예를 들면, 순수과학분야, 연구, 수학, 경제, 철학, 심리학 등.

어떤 문제의 해결책을 시도해 보는데 관심이 많으나 해결책을 실제 적용해 보려는 데는 관심이 없다.

주된 관심은 현재 명확하고, 이미 알려진 것을 넘어선 가능성을 보는 것에 있다.

주기능인 사고기능(T)으로 지각되는 어떤 아이디어든, 거기에 내재하는 중요한 원칙을 찾고 분석하는데 활용한다. 따라서 논리적, 분석적, 객관적, 비판적이다.

감각기능을 개발하지 않으면 그들은 세계에 대해서 제한된 지식과 경험을 얻을 수밖에 없는 위험에 빠지게 된다.

외부와의 관계가 부족하게 되면 정확한 진실을 이야기하고 싶어 하지만 지나친 이론에 치우쳐 복잡하게 되어 버릴 때가 있다.

생각을 간단하게 표현하는 방법을 배우면, 타인을 이해시키는데 도움이 된다.

논리적 사고기능에 너무 많이 의존하기 때문에 자신과 타인이 무엇에 관심이 있는지 지나치기 쉽다.

논리적이지 않다는 이유로 어떤 것이 중요하지 않다고 결정하기 쉽다.

<주의할 점>

- 구체적인 현재 사항에 초점을 맞추고, 현실감있는 간단한 표현을 하는 노력이 필요하다.

타인의 노력을 인정하는 태도와 개인적 관점을 고려할 필요가 있다.
지나치게 추상적이므로 비현실적일 수가 있다.
지나치게 지적이어서 설명이 너무 이론적일 수 있다.
팀워크와 조화를 희생하면서 사소한 불일치에 집착한다.
지나치게 비판적이고 분석적인 사고를 대인관계에 적용하는 경향이 있다.

• 나는 우리가 음식을 먹는 동안 함께 찾아볼 수 있도록 부엌에다 백과사전을 비치해둔다.

**(9) ESTP 수완좋은 활동가형**

관대하고 느긋하며 어떤 사람이나 사건에 대해 별로 선입견을 갖지 않으며 개방적이다.
자신이나 타인에게 관용적이며, 일을 있는 그대로 보고 받아들인다.
갈등이나 일어나는 상황을 잘 무마하는 능력이 있다.
이렇게 되어야 한다는 규범을 적용하기 보다 누구나 만족할 수 있는 해결책을 모색하고 타협하고 적응하는 힘이 있다.
현실적으로 야기되는 문제 해결에 뛰어난 능력을 발휘하기도 한다.

그 상황, 그 순간에 무엇이 필요한지 감지하며, 많은 사실들을 쉽게 기억하며 예술적인 멋과 판단력을 지니고 연장이나 재료들을 잘 다룬다.
개인의 느낌이나 주관적인 가치보다는 논리적, 분석적으로 일을 처리한다.
직접적인 경험을 통해 배우는 것을 선호한다.
추상적인 아이디어나 개념에 대한 흥미가 없다.
우호적이고, 적응력있는 현실주의자들이다.
대체로 개방적이며, 자신을 포함한 모든 사람에게 관용적이고, 긴장을 완화시키거나 서로 갈등을 느끼는 사람들을 잘 화합시킬 수 있다. 뛰어나 문제해결사가 될 수 있다.

주기능은 감각기능(S)이고 열등기능은 직관기능(N)이다.
직관력이 억압되기 쉬우며 추상적인 아이디어, 영감, 이론 등을 소홀히 하기 쉽고, 경험에 의해 시험되기 전까지 신뢰하지 않는 경향이 있다.
정보파악 능력이 뛰어나고, 위기대처 능력이 높다.

모험과 스릴을 즐긴다.

현실성, 행동과 적응력이 요구되는 직업, 예를 들어 엔지니어링, 경찰직, 요식업, 마켓팅, 건축, 생산, 레크레이션 등에 적합하다

**<주의할 점>**

- 끈기와 인내, 악착스러움을 더 육성할 필요가 있다.

타인의 감정흐름에 민감할 필요가 있다.
사전 계획없이 바로 다음 문제에 뛰어드는 경향이 있다.
물질에 집착하기 쉬우므로 물질적 즐거움의 이면을 볼 수 있어야 한다.
일을 떠벌리는 경향이 있으므로 일을 마무리짓는데 노력할 필요가 있다.

• 나는 어떤 일을 똑같은 방식으로 한 번 또는 두 번이상 할 수 없다. 오늘은 어제와 같을 수 없다. 어떤 것이든 다르게 하자.

**(10) ESFP 사교적인 유형**

친절하고 수용적이며 현실적이고, 실제적이다.
어떤 상황에도 잘 적응하고 타협적이다.
선입견이 별로 없고, 개방적이며 관용적이다.
다른 사람의 일이나 활동에 관심이 많으며, 새로운 사건에도 관심과 호기심이 많다.
이론을 통해 배우기 보다 실생활을 통해 배우는 것을 선호한다.
추상적 관념이나 이론보다는 구체적 사실들을 잘 기억한다.
논리적 분석보다는 인간중심의 가치에 따라 어떤 결정을 내린다.
동정적이고 사람들에게 관심이 많고, 때로 재치가 있고 꾀가 빠르다..
사람들을 대하는 일에 능숙하다. 사람이나 사물을 다루는 사실적인 상식이 풍부하다.

물질적 소유 및 운동 등 실생활을 즐긴다.
상식과 실제적 능력을 필요로 하는 분야의 일을 선호한다.
어떤 조직체나 공동체에서 밝고 재미있는 분위기 조성 역할을 잘한다.

우호적이고 적응력있는 현실주의자들이다. 보고 듣고 경험한 것에 의존한다.

무엇을 해야한다는 강제성을 요구하기 보다 모든 사실을 파악하게 되면 만족한 해결책을 찾을 수 있을 것이라 믿는다.

삶을 즐긴다. 좋은 음식, 의상, 음악과 예술을 즐긴다.

주기능은 감각기능(S)이며, 열등기능은 직관기능(N)이다.

삶의 방향감각, 가치관이나 자기의 주장을 이끌고 나가는 판단기능을 개발하여야 한다.

외적인 것에 집착할 가능성이 있다.

<주의할 점>

- 논리적이고 분석적 기능을 육성할 필요가 있다.

일과 레크리에이션을 잘 조정하여 조화시킬 필요가 있다.

시간관리에 노력할 필요가 있으며, 일을 시작하기 전에 전체적인 계획을 세울 필요가 있다.

주관적 데이터를 지나치게 강조하는 경향이 있다.

시작한 일을 끝내지 않는 경향이 있다.

• 나는 나의 자녀에게 응해주기를 좋아한다. 그것은 안아주는 것은 한 번으로 끝내고 그 다음에 먹을 것을 만들어 주겠다는 것과는 다르다.

**(11) ENFP 스파크형**

열성적이고 창의적이다. 풍부한 상상력과 영감을 가지고 새로운 프로젝트를 잘 시작한다.

풍부한 충동적 에너지를 가지고 즉흥적으로 일을 해결하는 솔선 수범력과 상상력이 있다.

관심있는 일이면 무엇이든 척척 해내는 열성파이다.

뛰어난 통찰력으로 그 사람 안에 있는 성장 발전할 가능성을 들여다본다.

상담이나 교육방면에서 능력을 발휘하며, 어느 분야에서든지 재능을 발휘한다.

과학, 광고, 판매, 목회, 작가 등...

반복되는 일상적인 일을 견디지 못하는 경향이 있다.
새로운 가능성을 추구하고, 창의적, 즉흥적으로 일을 시작하고 또 다른 일로 옮겨가는 경향이 있다.
한 가지 일을 다 끝내기도 전에 몇 가지 다른 일을 벌리기 쉬운 경향이 있다.

어려움을 당할 때 더욱 자극받고, 어려움을 해결하는데 매우 독창적이다.
새로운 열성의 연속으로부터 힘을 얻고, 그들의 열성이 다른 사람의 관심을 불러일으키기도 한다.

주기능은 직관(N)으로써 항상 새로운 가능성에 대한 도전에 관심을 가진다.
열등기능인 감각(S)과 사고기능을(T) 개발해야 한다.

감정기능으로 다른 사람을 다루는 솜씨가 뛰어나다.
타인의 태도에 민감하며, 판단보다는 이해하려는 의도를 지닌다.
여러 가지 과업의 가능성을 너무 보기 때문에 때로 선택하는 일이 어려울 때가 많다.
자신이 속한 집단의 활성화에 영향을 준다.

<주의할 점>

- 관련 세부사항을 간과한다.
기존 업무를 완수하기 전에 새로운 것으로 쉽게 옮겨간다.
지나치게 확장하고 너무 많은 일을 벌리는 경향이 있다.
중요 세부사항에 주의를 기울일 필요가 있다.
관심이 가는 모든 것을 시도하기보다는 일의 우선순위를 선별하는데 노력을 기울일 필요가 있다.
일의 우선에 따라 시간을 적절히 사용하는 일에 주의를 기울일 필요가 있다.

• 내가 즐기는 것이 무엇이든 간에 -술래잡기 혹은 차안에서 노래부르기- 나는 아이들과 즐긴다. 그리고 그것은 전적으로 당연하다.

**(12) ENTP 발명가형**

독창적인 혁신가이고 창의력이 풍부하다. 새로운 가능성을 찾고 새로운 시도를 한다.
넓은 안목을 지니며, 민첩하고 여러 재능을 발휘하며 자신감이 많다.
사람들의 동향에 대해 기민하고 박식하다.
다른 사람을 판단하기 보다 이해하려고 노력한다.

복잡한 문제해결에 뛰어난 재능을 지녔으며 지칠 줄 모르는 에너지를 소유하고 있다.
새로운 관심사로 눈을 돌리고, 잇따른 새 프로젝트를 시작하는 가운데 에너지 충전 받는다.
일상적이고 세부적인 일을 경시하고 태만하기 쉽다.
새로운 도전이 없는 분야의 일에는 흥미가 없다. 관심이 있는 분야는 무슨 일이든지 해내는 능력을 가지고 있다. 예를 들어 발명가, 과학자, 저널리스트, 마케팅, 컴퓨터 분석 등이다.
때로 경쟁적이며 현실보다는 이론에 더 밝은 편이다.

새로운 아이디어와 모델에 몰입하여 현재의 중요성을 잊기 쉽다.
다른 사람의 노력에 대해 경쟁적이 되어 쉽게 인정하지 않는다.
자신을 과도하게 확장시킨다.
다른 사람의 노력을 인정하고 칭찬, 격려 등의 표시를 할 필요가 있다.
현실적 우선순위와 일정계획을 세울 필요가 있다.
왜냐하면 일상규범, 표준절차를 경시하는 경향이 있다.
주기능은 직관기능(N)으로 통찰력이 강하다. 비영감적인 이상업무를 매우 싫어하여 주요 관심사 밖의 일에 자신을 개입시키기 힘들다. 열등기능은 감각기능(S)으로 개발할 필요가 있다. 그렇지 않으면 현실과 유리된 이상이나 프로젝트에 매달리기 쉽다.

<주의할 점>

- 새로운 아이디어와 모델에 몰입하여 현재의 중요성을 잊기 쉽다.
다른 사람의 노력에 대해 경쟁적이 되어 쉽게 인정하지 않는다.
자신을 과로하게 확장시킨다.
다른 사람의 노력을 인정하고 칭찬, 격려 등의 표시를 할 필요가 있다.
현실적 우선순위와 일정계획을 세울 필요가 있다. 왜냐하면, 일상규범, 표준절차를 경시하는 경향이 있다.

• 나는 나의 아이를 앉을 때 그들이 세상 속에서 잘 살아가도록 그들의 얼굴이 항상 바깥으로 향하게 안는다.

### (13) ESTJ 사업가형

일을 조직하고 프로젝트를 계획하고 출범시키는 능력이 있다.
현실적, 사실적이며, 체계적, 논리적으로 사업이나 조직을 이끄는 재능이 있다.
혼돈스러운 상태나 불분명한 상태 또는 실용성이 없는 분야에 큰 흥미가 없으나 필요시에는 언제나 응용하는 힘이 있다.
분명한 규칙을 중요시하고 그에 따라 행동하고 일을 추진하며 완성한다.
어떤 계획이나 결정을 내릴 때는 확고한 사실에 바탕을 둔다.
대체로 결과를 현재, 볼 수 있는 일을 즐긴다.

타고난 관리자로서 일의 목표를 설정하고 지시하고 결정권을 이행하는 역할을 한다.
비합리적이고 일관성이 결여된 상황을 쉽게 파악하는 능력이 있다.
인간 중심의 가치와 타인의 관점과 감정을 고려하며 타인의 말을 경청하는 노력이 필요하다.
조직화해서 일을 처리하기 좋아한다.
사고에 의존하므로 논리적, 분석적, 객관적, 비판적으로 만든다.
미래의 가능성보다 현재의 사실을 추구하는 것에 관심이 많다.
따라서 사무적, 실용적, 현실적이며 현실상황에 치중하기 쉽다.
주기능은 사고기능(T)이며 열등기능은 감정기능(F)이다.
따라서 타인이 무엇에 관심이 있으며, 그들의 관점이 무엇인지 귀 기울일 필요가 있다.
타인이 무엇을 생각하고 느끼는지에 대해서 충분한 배려나 근거도 없이 너무 속단속결해 버리기 쉽다.
타인의 견해, 특히 부하의 견해 등을 주의를 기울여 생각해야 한다.
또한 타인의 장점과 아이디어를 인정해 주는 노력도 필요하다.

이 유형은 업무에 대한 결과가 즉각적이고, 눈에 보이며, 실제적인 일을 좋아한다.
자기사업, 행정, 관리, 제조, 생산, 건설 등에 선호도가 높다.

<주의할 점>

- 타인의 관점에 주의를 돌리고 경청하는 노력을 할 필요가 있다.

자신의 감정의 가치를 인정하고 확인할 시간 여유를 가질 필요가 있다.

너무 성급하게 속단속결하는 경향이 있으므로 모든 측면을 배려할 필요가 있다.

변화와 새로운 시도, 추상적 이론 등을 고려하는 노력이 필요하다.

지나치게 일 중심으로 나갈 수 있다.

장기간 감정과 가치관이 무시되었을 때는 감정폭발이 일어날 수 있다.

* 우리는 함께 차타는 것을 좋아하는 어머니들이다. 우리는 시간을 잘 지킬 뿐 아니라 모두를 위한 합승일정을 조직한다.

**(14) ESFJ 친선도모형**

동정심과 동료애가 많다. 친절하고 재치있다.

타인에게 관심 쏟고, 인화를 도모하는 일을 중요하게 여긴다.

양심적이고 정리정돈을 잘하며 참을성이 많고, 타인을 잘 돕는다.

기쁨과 만족은 대부분은 주위 사람들과 맺는 인간관계에서 온다.

타인의 의견에 대한 가치를 발견하는 재능이 있다.

비판력과 객관성이 없이 다른 사람들의 의견에 동의하는 경향이 있으며, 다른 사람들의 견해에 집착하는 경향이 있다.

일상적인 일에 적응을 잘하며, 현실적이고 실제적이며 물질적 소유를 즐긴다.

사람을 다루고 행동을 요구하는 분야에서 능력을 발휘한다. 교직, 설교, 판매, 의료 등이다.

끈기가 있고 성실하여, 작은 일에도 순서를 따르고, 다른 사람들에 대하여 자기와 같은 것이라고 기대하는 경향이 있다.

주기능인 감정기능(F)을 잘 활용하므로 사람을 다루는 직무와 일을 추진하는 과정에서 협력이 요구되는 상황에 최적격이다.

열등기능인 사고기능(T)과 직관이 요구하는 추상적인 아이디어나 철저한 분석이나 정통함이 요구되는 업무에는 별로 흥미가 없다.

이들은 사람들과 대화할 때가 가장 좋다고 생각하며 의사소통하기를 즐긴다.

계획과 결정을 할 때, 잘 알려진 사실이나 그들의 개인적인 가치관에 바탕을 둔다.

어떤 상황을 완전히 이해하기 전에 결론을 내리는 위험성이 있다.

해야 될 일과 해서는 안 되는 일이라는 기준을 자신 안에 명확히 가지고 있으며 이것들을 자유롭게 표현한다.

동의할 수 없는 사실과 상처를 받게될 비판을 쉽게 직면하지 못하고 문제점을 무시해 버리거나 회피하는 경향이 있다.

<주의할 점>

- 타인이 진짜로 필요로 하고 원하는 것이 무엇인지를 진지하게 들을 필요가 있다.

남을 즐겁게 하려는 욕망 때문에 자신의 업무를 소홀히 다룰 수 있다.

타인과 조직을 위해 최선이 무엇인지를 안다고 쉽게 자부할 수 있다.

속단하는 경향이 있으며, “이렇게 되어야 한다” “저렇게 되어야 한다”는 마음의 규율이 많다.

일이나 사람들에 대한 문제에 대하여 냉철한 입장을 취하는 것을 어려워한다.

반대의견에 부딪쳤을 때나 자신의 요구가 거절당했을 때 지나치게 개인적으로 받아들여 마음의 상처를 쉽게 입는 경향이 있으므로 객관성을 키울 필요가 있다.

• 나는 아이들이 그들 스스로 행복한 것을 좋아한다. 그러나 보다 많은 가정이 더불어 행복해하는 것을 사랑한다.

**(15) ENFJ 언변능숙형**

동정심과 동료애가 많으며, 친절하고 재치있고 인화를 중시한다.

민첩하고 참을성 많고, 성실하다. 타인의 의견을 존중하고 그 가치를 본다.

공동선을 위하여서는 대체로 상대방 의견에 동의하며, 새로운 아이디어에 대한 호기심이 많다.

글 보다는 말로써 생각을 잘 표현한다.

편안하고 능란하게 계획을 제시하거나 조직을 이끌어 가는 능력이 있다.

사교적이며 사람들을 좋아하고, 다른 사람들의 좋은 점을 때로 지나치게 이상화하고 맹목적 충성을 보이는 경향이 있다.

타인의 인정과 칭찬을 받으면 맡은 일에 열중하나 비판에 민감하다.

사람을 다루고 행동을 요구하는 분야의 일에서 능력을 발휘한다. 예를 들어 교직, 사목, 심리, 상담치료, 예술, 문학 등이다.

그러나 때로는 성급하게 결론에 이르는 경향이 있어, 세부적인 조건들을 미리 세밀하게 검토할 필요가 있다.

이 유형의 사람들은 주위 사람들에게 관심갖고, 조화있는 인간관계에 높은 가치를 두며, 우호적이며, 재치있고, 동정심이 있다. 끈기가 있고, 작은 일에도 순서를 따른다. 그들의 기쁨과 만족은 대부분은 사람들의 감정에서 기인한 온정으로부터 온다.

그들은 책에 관심이 많고, 이론적인 데에 재능이 뛰어난 경향이 있지마, 그것을 글로 쓰기보다는 청중에게 말하는데 이용한다. 커뮤니케이션에 능하다. 즉 표현에 천부적 재질을 가졌다고 볼 수 있다.

주기능이 감정기능(F)으로 조화와 인화를 중시하나, 열등기능인 사고기능(T)과 감각(S)을 개발하여야 그들이 지닌 영감과 상상력에 현실적 판단을 가져올 수 있다.
그들은 간결하고 객관적이 되려는 노력을 기울여야 하며 자신의 개인적, 감정적 확장이 업무추진을 저해하지 않도록 노력해야 한다.

<주의할 점>

- 인간의 제약점을 인정하고 남을 이상화하거나 맹신적 충성을 하는 경향을 조심할 필요가 있다.

사람에 대한 관심만큼 사업의 세부사항에 대하여도 주의를 기울일 필요가 있다.

자기비판에서 주의를 돌려 피드백이 내포되어 있는 객관적 정보에 귀를 기울일 필요가 있다.

인간관계 사항에 끌려 과업을 소홀히 다루기 쉽다.

비판을 개인적인 것으로 필요이상 민감하게 받아들이는 경향이 있다.

• 우리는 많은 이야기를 잘 나누고 있어요. 그래서 아이들이 그들 자신을 이해하는 것보다 내가 더 그 애들을 이해합니다.

**16) ENTJ 지도자형**

활동적이며 행정적인 일과 장기계획을 선호하며, 논리적, 분석적이다.

사전준비를 철저히 하며, 계획, 조직, 체계적으로 목적 달성을 추진하는 지도자들이 많다.

비능률적이거나, 확실치 않은 일은 인내심이 없다. 그러나 상황이 필요로 할 때는 강하게 대처한다.

솔직하고 결정력과 통솔력이 있으며, 거시적 안목으로 일을 추진한다.
관념 자체에 집중하는 경향이 있으며 관념 이면의 사람에는 관심이 별로 없다.

새로운 지식에 대한 관심이 많으며, 복잡한 문제나 지적인 자극을 주는 새로운 아이디어에 호기심이 많다.

때로 상황이 처해있는 현실적 사항들을 쉽게 지나쳐 버리는 경향과 성급하게 일을 추진하는 경향이 있다.

따라서 현실이 안고 있는 치밀한 상황을 있는 그대로 볼 줄 알고, 타인의 견해에 귀를 기울임이 필요하다.

자신과 타인의 감정에 관심을 보이며 자신의 느낌이나 감정을 인정하고 표현함이 필요하다. 그렇지 않으면 누적된 감정을 크게 폭발할 가능성도 있다.

직관적 역할이 요구되지 않는 일에는 거의 만족을 느끼지 못한다.

흥미가 전체에 있기 때문에 세부적인 면의 중요성을 간과할 수 있다.

비슷한 성향을 가진 사람들과 어울리기 때문에 현실감각이 좋은 사람이 주위에 필요하다.

사고기능에 주로 의존하므로 논리적, 분석적, 객관적으로 비평한다.

또한 아이디어 이면에 있는 사람이 아니라 아이디어 그 자체에 초점을 둔다.

감정기능에 귀를 기울일 필요가 있다. 그 방법으로는 다른 사람들의 장점과 아이디어를 인정해 주는 것이다.

주기능은 사고기능(T)으로 세상을 움직이기 위해 활용한다. 논리적이고, 분석적, 객관적으로 비평하며, 객관적 추론을 제외한 어떤 것에서도 확신을 가지지 않는 경향이 있다.

열등기능인 감정기능(F)의 가치에 귀를 기울일 필요가 있다. 남을 인정하는 기술을 개방할 필요가 있다.

<주의할 점>

- 다른 사람의 감정과 일에 대한 기여를 인정할 필요성이 있으며, 그들의 요구가 무엇인지 귀를 기울일 필요가 있다.

앞으로 달려 나가기 전에 실질적, 개인적, 상황적 상태를 검토하고 고려할 시간 여유를 가질 필요가 있다.

자신과 타인의 감정을 인정, 이해하고 표현하는 방법을 배울 필요가 있다.

속단속결하고 참을성 없고 강압적으로 보이기 쉬운 면을 고려해야 한다.

자기 자신의 감정을 무시하고 억압하며 타인에게 중압감을 주기 쉽다.

• 모든 사람의 이익을 위해 체제를 어떻게 잘 조정할 수 있을까 나의 사고는 항상 움직이고 있다.

## 참고문헌

권선필(2004). 대학생을 위한 능력개발과 관리. 목원대학교 출판부.

김상태, 임승환, 김명준 공역(1997). 기업조직에서의 MBTI활용 입문. 한국심리검사연구소.

김정택, 김명준 옮김(1999). 심리유형의 역동과 발달. 한국심리검사연구소.

김정택, 심혜숙(1994). MBTI와 나의 가족이해. 한국심리검사연구소.

김정택, 심혜숙(1995). MMTIC과 어린이 및 청소년의 이해. 한국심리검사연구소.

김정택, 심혜숙(1999). 16가지 성격유형의 특성. 한국심리검사연구소.

김정택, 심혜숙, 임승환 공역(1993). 나의 모습 나의 얼굴. 한국심리검사연구소.

김정택, 심혜숙, 제석봉(1995). MBTI의 개발과 활용. 한국심리검사연구소.

김판호(2002). 신세대 장병을 위한 리더십에 관한 연구. 수원대 산업경영대학원. 석사학위논문.

김형섭 역(1997). 한권으로 읽는 융. 푸른숲.

심혜숙, 곽미자역(1998). 성격유형과 자녀양육태도. 한국심리검사연구소.

심혜숙, 김정택(1999).MBTI 성장프로그램지도자 안내서I. 한국심리검사연구소.

심혜숙, 김정택(1999). MBTI 성장프로그램지도자 안내서II. 한국심리검사연구소.

심혜숙, 문성호 옮김(2000). 성격유형과 영성. 한국심리검사연구소.

심혜숙, 임승환 역(1997). 성겨유형과 삶의 양식. 한국심리검사연구소.

심혜숙 외 옮김(1999). 성격유형과 진로탐색. 한국심리검사연구소.

오학수(1999). 인성검사(MBTI)를 통한 효율적 하사관 관리에 관한 연구. 건국대 행정대학원 석사학위논문.

이부영(1998). 분석심리학. 일조각.

이부영(2001). 아니마 아니무스. 한길사.

이정희 외 옮김(2000). 성격유형과 학습스타일. 한국심리검사연구소.

임승환(1993). People Tuning Training. T&C 심리교육컨설팅

조성환(2000). 군 장교들의 변형적 리더십과 성격유형에 관한 연구, 정신전력연구 제29호.

조성환(2000). 군장교들의 변형적 리더십과 성격유형의 관계. 계명대학교 대학원 박사학위논문.

조성환(2002). 성격. 한림미디어.

최광수, 이광옥 옮김(2002). MBTI로 보는 다양한 리더쉽. 죠이선교원.

최정윤(2002). 심리검사의 이해. 시그마프레스

한국MBTI연구소(2000). 상담에서의 심리유형론적 접근. 창립10주년 주제강연집.

한국MBTI연구소(2001). MBTI 일반강사 재교육 교재.

한국MBTI연구소(2002). 유형발달과 열등기능. 창립12주년 기념 세미나집.

www. mbti. co. kr

www. kpti. com.

**●저 자●**

김 정 진 : 육군 제3사관학교 졸업
건국대학교 법학과 졸업
건국대학교 행정대학원 행정학과 석사 졸업(일반행정 전공)
육군대학 졸업
상지대학교 대학원 법학과 박사 수료(공법 전공)

육군 포병부대 소대장, 참모근무
육군 헌병교육과정 졸업
육군범죄수사단 일반과장, 수사과장, 서울지구파견대장 근무
육군 제73사단, 제9사단, 제52사단, 제36사단 헌병대장 근무
수도방위사령부 헌병단 정보과장, 제7헌병대대장 근무
육군교도소 부소장 근무
육군 제5군단 헌병대장 근무
육군 제1군 사령부 헌병대 부대장 근무
각급부대 순회 사고예방교육(MBTI 적용)
(현) 상지대학교 상지영서대학교 겸임교수
(현) 피해자 가해자 중재 프로그램 참가중
(현) 서울 동부지방 검찰청 범죄피해자 지원위원
(현) 서울 서부지방 검찰청 용산 가정폭력 상담위원



## MBTI와 군 생활

• 초판 인쇄 2005년 11월 5일
• 초판 발행 2005년 11월 5일

• 지 은 이 김정진
• 펴 낸 이 채종준
• 펴 낸 곳 한국학술정보㈜
경기도 파주시 교하읍 문발리 526-2
파주출판문화정보산업단지
전화 031) 908-3181(대표) · 팩스 031) 908-3189
홈페이지 http://www.kstudy.com
e-mail(e-Book사업부) ebook@kstudy.com
• 등 록 제일산-115호(2000. 6. 19)
• 가 격 22,000원

ISBN 89-534-3937-X 93180 (Paper Book)
89-534-3938-8 98180 (e-Book)